NERVO VAGO

LA GUIDA COMPLETA PER STIMOLARE IL SISTEMA NERVOSO, RIDURRE LO STRESS E MIGLIORARE IL BENESSERE FISICO E MENTALE

THERON VAYNE

DISCLAIMER

Questo libro non ha la pretesa di sostituire il consiglio medico. Si raccomanda al lettore di consultare regolarmente un professionista della salute per qualsiasi questione relativa al proprio benessere, in particolare per eventuali sintomi che possano richiedere diagnosi o cure mediche.

Le informazioni fornite in questo libro sono puramente a scopo informativo generale. Pur impegnandomi a mantenere tali informazioni aggiornate e corrette, non sono fornite dichiarazioni o garanzie, esplicite o implicite, in merito alla completezza, precisione, affidabilità, idoneità o disponibilità riguardo alle informazioni, prodotti, servizi o grafiche correlate presenti in questo libro, per qualsivoglia scopo.

L'utilizzo di tali informazioni avviene a proprio rischio. I metodi descritti in questo libro rappresentano le opinioni dell'autore e non devono essere considerati come una serie definitiva di istruzioni per un determinato progetto. Potrebbe emergere la possibilità di utilizzare altri metodi e materiali per ottenere risultati simili.

INDICE

INTRODUZIONE: IL TUO ALLEATO NASCOSTO PER IL BENESSERE

Benvenuto in un viaggio che potrebbe trasformare la tua vita, o quanto meno darle una prospettiva nuova, sorprendente e piena di potenzialità. Questo libro non ti parla di un concetto astratto o di una teoria distante, ma di un fenomeno che hai dentro di te, un "alleato nascosto" che può migliorare significativamente il tuo benessere fisico e mentale: il nervo vago.

Sì, il nervo vago. Probabilmente ne hai sentito parlare, ma sai davvero cos'è e come funziona? Non ti preoccupare se non ne sai ancora molto: in questo libro, ti guiderò passo dopo passo alla scoperta di questo straordinario sistema che regola moltissimi aspetti del tuo corpo e della tua mente. Sarà come aprire una porta verso un benessere più profondo e duraturo, un benessere che non si limita alla semplice assenza di malattia, ma che abbraccia un equilibrio fisico ed emotivo che ti permette di vivere al meglio ogni giorno.

Il nervo vago: un ruolo fondamentale per il nostro benessere

Il nervo vago è una delle strutture più potenti e affascinanti del nostro corpo. È il principale "cavo" che collega il cervello con gli organi vitali, come cuore, polmoni, stomaco, intestino e persino la gola. Questo nervo, che prende il suo nome dal latino "vagus" (che significa "errante"), si estende come una rete capillare attraverso il tuo corpo, influenzando una miriade di funzioni fisiologiche e psicologiche.

Forse non lo sai, ma il nervo vago è essenziale per il buon funzionamento del sistema nervoso autonomo, quel sistema che controlla tutte le funzioni involontarie del corpo, come la respirazione, la digestione e la frequenza cardiaca. È anche la chiave della nostra capacità di "rallentare", di passare da uno stato di attivazione (lotta o fuga) a uno di rilassamento, favorendo la calma e il recupero.

Ecco la buona notizia: questo nervo può essere "allenato". Stimolare il nervo vago può ridurre lo stress, migliorare il tuo umore, aumentare la tua energia e rafforzare la tua salute fisica e mentale. Non si tratta di un qualcosa che accade per caso, ma di un processo che puoi attivamente gestire attraverso tecniche semplici e potenti che imparerai durante la lettura di questo libro.

Come il nervo vago influisce sul nostro corpo e mente

Immagina di essere stressato, ansioso o sopraffatto dalla vita quotidiana. Il tuo corpo risponde a questo stress attivando il sistema simpatico, che ci prepara alla lotta o alla fuga: la frequenza cardiaca aumenta, la respirazione si fa più superficiale e rapida, i muscoli si tendono. Questo stato di attivazione costante, se non gestito, può portare a un'esaurimento fisico e mentale.

Ora, pensa al nervo vago come a un interruttore che può spegnere questo stato di allerta e riportarti in uno stato di calma e recupero. Quando il nervo vago è stimolato, attiva il sistema parasimpatico, che "ripristina" il corpo: abbassa la frequenza cardiaca, rallenta la respirazione e favorisce il rilassamento muscolare. Non è solo una questione di "sentirsi meglio", ma di migliorare concretamente la tua salute, riducendo l'infiammazione, abbassando la pressione sanguigna, e migliorando la funzione del sistema immunitario.

Oltre ai benefici fisici, il nervo vago ha un impatto diretto sulla nostra psiche. Le neuroscienze hanno dimostrato che una buona stimolazione del nervo vago può avere effetti positivi sul nostro stato d'animo, migliorando la nostra resilienza allo stress e la nostra capacità di regolare le emozioni. In parole povere, stimolare il nervo vago ti rende più forte, più calmo e più equilibrato, sia fisicamente che mentalmente.

Gli obiettivi di questo libro

L'obiettivo di questo libro è semplice: darti le chiavi per utilizzare il nervo vago come un potente strumento di miglioramento personale. Imparerai come stimolarlo in modo naturale, attraverso pratiche quotidiane, che ti permetteranno di ridurre lo stress, aumentare il tuo benessere e ottimizzare la tua salute. Non serve essere un esperto di neuroscienze per comprendere e applicare le informazioni che condividerò con te. Questo libro è scritto per tutti, indipendentemente dalla tua esperienza pregressa.

Il viaggio che stai per intraprendere ti offrirà una comprensione più profonda del tuo corpo e della tua mente. Scoprirai come la stimolazione del nervo vago possa essere una pratica accessibile, sicura ed estremamente efficace per migliorare la tua vita quotidiana. La bellezza di questa scoperta sta nel fatto che ogni piccolo passo che farai ti avvicinerà a una versione di te stesso più serena, più energica e più equilibrata.

Preparati ad esplorare il potere del nervo vago

Il nervo vago è un potente alleato che puoi attivare

ogni giorno, in modo semplice e naturale. In questo libro, esplorerai non solo le sue funzioni biologiche, ma anche le tecniche pratiche per stimolarlo, dalla respirazione consapevole all'esposizione al freddo, dalle pratiche di rilassamento muscolare alla meditazione. Ogni capitolo ti guiderà attraverso esercizi concreti che puoi applicare nella tua routine quotidiana per ottenere risultati tangibili e immediati.

Che tu stia cercando di migliorare il tuo umore, abbattere i livelli di stress, o semplicemente trovare un modo più efficace per affrontare le sfide quotidiane, stimolare il nervo vago è un passo fondamentale. Ogni lettura, ogni esercizio ti avvicinerà a un benessere che va oltre la superficie, verso una salute integrata che coinvolge mente, corpo e spirito.

Inizia oggi stesso il tuo viaggio. Il nervo vago ti aspetta, pronto a essere stimolato e a lavorare per te. A ogni passo, scoprirai come migliorare il tuo benessere in modo naturale, profondo e duraturo. Sei pronto? Allora, continua a leggere e scopri tutto ciò che il nervo vago ha da offrirti.

CAPITOLO 1: COS'È IL NERVO VAGO? ANATOMIA E FUNZIONE DI BASE

Quando pensiamo al nostro corpo, spesso non siamo consapevoli dei complessi meccanismi che lo regolano in maniera silenziosa ma incredibilmente efficiente. Uno dei protagonisti principali di questi processi invisibili, che influenzano ogni aspetto del nostro benessere fisico e mentale, è il nervo vago. Questo nervo, che corre attraverso il nostro corpo come una sorta di "autostrada della comunicazione", gioca un ruolo fondamentale nell'equilibrio tra il nostro corpo e la nostra mente. Ma cos'è davvero il nervo vago? Come funziona? E come possiamo sfruttarlo per migliorare il nostro stato di salute?

In questo capitolo, esploreremo la sua anatomia, il suo funzionamento e il suo impatto su numerose funzioni fisiologiche ed emotive. Scopriremo come un nervo che si estende dalla testa fino all'addome possa avere un'influenza così profonda sul nostro benessere, e come possiamo imparare a stimolarlo per favorire la nostra salute e la nostra serenità.

La struttura anatomica del nervo vago

Il nervo vago è uno dei dodici nervi cranici, che emergono direttamente dal cervello e dal tronco cerebrale. Il suo nome, derivato dal latino *vagus*, che significa "errante", riflette la sua incredibile estensione e la sua capacità di "errante" nel corpo, ramificandosi in molte aree vitali.

Questo nervo si origina nel tronco cerebrale, precisamente nel nucleo del nervo vago, situato nella parte inferiore del cervello, e si suddivide in molteplici rami che si estendono verso il cuore, i polmoni, lo stomaco, l'intestino e persino la gola. È il più lungo dei nervi cranici e ha un impatto su una vasta gamma di funzioni fisiologiche.

Il nervo vago è spesso descritto come parte del sistema nervoso parasimpatico, quella parte del sistema nervoso autonomo che ha il compito di "rallentare" e "calmare" il corpo, in contrasto con il sistema simpatico, che stimola l'attivazione (come nel caso della risposta "lotta o fuga"). In termini pratici, il nervo vago è un regolatore della calma, del recupero e del rilassamento.

La funzione del nervo vago nel corpo

Il nervo vago è un "ponte" che collega il cervello e molti degli organi vitali. Si dirama in diverse direzioni e influisce su molte funzioni, da quelle cardiovascolari a quelle respiratorie, digestive e immunitarie. Ecco come il nervo vago interagisce con i principali sistemi corporei:

1. **Cuore e circolazione:** Il nervo vago svolge un ruolo fondamentale nella regolazione della frequenza cardiaca. Quando il nervo è attivato, riduce la velocità del battito cardiaco, favorendo un abbassamento della pressione sanguigna e una risposta di rilassamento. È il "freno" che ci permette di uscire dalla modalità di stress e tornare a uno stato di equilibrio.
2. **Polmoni e respirazione:** Il nervo vago regola anche la respirazione, stimolando il riflesso di espulsione dell'aria durante l'espirazione. Inoltre, la sua stimolazione promuove una respirazione più profonda e lenta, che è cruciale per attivare il sistema parasimpatico e ridurre lo stress.
3. **Sistema digestivo:** Una delle aree più sorprendenti in cui il nervo vago esercita la sua influenza è il sistema digestivo. Esso

stimola la produzione di succhi gastrici, facilita la peristalsi intestinale (movimento dei cibi attraverso l'intestino) e promuove la digestione, favorendo un'efficace assimilazione dei nutrienti.

4. **Sistema immunitario:** Il nervo vago è anche un potente regolatore dell'infiammazione. Stimolando il nervo vago, il corpo può ridurre l'infiammazione sistemica, migliorando così la risposta immunitaria e proteggendo contro malattie croniche.
5. **Gola e voce:** Il nervo vago innerva anche la laringe, la faringe e altre strutture che controllano la voce e la deglutizione. Per questo motivo, è spesso associato alla capacità di comunicare, e stimolarlo può migliorare la nostra capacità di esprimere emozioni e di comunicare serenamente.

Tono vagale e stimolazione vagale: concetti chiave

Quando parliamo di nervo vago, ci imbattiamo spesso nei termini "tonalità vagale" o "stimolazione vagale". Questi concetti, pur essendo facili da comprendere, racchiudono un mondo complesso di interazioni fisiologiche.

Tono vagale: Il tono vagale è una misura della "forza" e della "prontezza" del nervo vago nel rispondere alle esigenze del corpo. Un tono vagale elevato significa che il corpo è in grado di passare rapidamente dallo stato di stress (attivato dal sistema simpatico) a uno stato di rilassamento (attivato dal sistema parasimpatico). Un buon tono vagale è correlato a una migliore salute mentale e fisica: una persona con un tono vagale sano è più capace di gestire lo stress, di mantenere un buon equilibrio emotivo e di affrontare situazioni difficili senza sforzi eccessivi.

Stimolazione vagale: Stimolare il nervo vago significa attivare consapevolmente questo sistema per migliorare il nostro benessere. La stimolazione vagale può avvenire attraverso varie tecniche come la respirazione profonda, la meditazione, l'esposizione al freddo o anche la stimolazione elettrica (in ambito medico). Ogni metodo ha un effetto diretto sul sistema parasimpatico, riducendo lo stress e promuovendo il recupero.

La distribuzione del nervo vago nei principali organi

Come abbiamo visto, il nervo vago è un "autostrada" di comunicazione tra il cervello e gli organi. Ma per comprendere davvero la sua importanza, è fondamentale sapere esattamente dove si trova e cosa fa. Il nervo vago innerva i seguenti organi principali:

- **Cervello:** il nervo vago trasmette segnali al cervello, aiutando a regolare l'umore, la percezione del dolore e le risposte emotive.
- **Cuore:** regola la frequenza cardiaca e la pressione sanguigna.
- **Polmoni:** controlla la respirazione e la ventilazione polmonare.
- **Stomaco e intestino:** è fondamentale per la motilità intestinale, la digestione e l'assimilazione dei nutrienti.
- **Fegato:** il nervo vago aiuta nella secrezione di bile e nella regolazione metabolica.
- **Renal:** influisce anche sulla funzione renale, contribuendo a mantenere l'equilibrio idrico e salino del corpo.

Il nervo vago è una delle strutture più affascinanti e potenti del nostro corpo. La sua anatomia complessa e la sua funzione di regolazione del sistema nervoso autonomo lo rendono una chiave fondamentale per il nostro benessere fisico e mentale. Comprendere come funziona e come possiamo stimolarlo è essenziale per migliorare la nostra salute, ridurre lo stress e raggiungere uno stato di equilibrio.

CAPITOLO 2: IL NERVO VAGO E IL SISTEMA NERVOSO AUTONOMO

Nel corso della nostra vita, i nostri corpi si trovano costantemente a dover adattarsi e rispondere a stimoli esterni e interni. Per riuscirci in modo efficiente, senza doverci sforzare consciamente in ogni momento, il corpo si affida a un sofisticato sistema di regolazione automatica, che agisce dietro le quinte. Questo sistema è il sistema nervoso autonomo, e il nervo vago, di cui stiamo parlando, ne è uno degli attori principali. Ma come funziona esattamente? E perché è così importante per la gestione dello stress e del nostro benessere complessivo?

In questo capitolo, ti guiderò alla scoperta di questo sistema, mettendo in luce il ruolo fondamentale del nervo vago nel bilanciamento tra due forze che regolano il nostro stato di salute: il sistema simpatico e il sistema parasimpatico. Esploreremo insieme come la loro interazione impatti sul nostro stato emotivo e fisico, e come possiamo utilizzare questo equilibrio per migliorare la nostra vita quotidiana, ridurre lo stress e prevenire l'ansia.

Il Sistema Nervoso Autonomo: la regolazione silenziosa

Il sistema nervoso autonomo (SNA) è la rete di nervi che regola le funzioni corporee che non richiedono il nostro intervento consapevole: dalla battito cardiaco alla digestione, dalla respirazione alla sudorazione. La sua funzione è mantenere l'omeostasi, ovvero l'equilibrio interno del corpo, in risposta ai cambiamenti ambientali, alle emozioni e ai comportamenti.

Il sistema nervoso autonomo si divide in due principali componenti:

1. **Il sistema simpatico**: responsabile della preparazione del corpo ad affrontare situazioni di stress o pericolo, attivando la famosa risposta "lotta o fuga". In pratica, stimola la produzione di adrenalina, aumenta la frequenza cardiaca, dilata le pupille e sospende temporaneamente le funzioni non essenziali, come la digestione.
2. **Il sistema parasimpatico**: il "sistema del riposo e della digestione", che svolge la funzione opposta. Quando il corpo è in uno

stato di rilassamento, il sistema parasimpatico riduce la frequenza cardiaca, stimola la digestione e favorisce il recupero delle energie.

Il nervo vago: il protagonista del sistema parasimpatico

Il nervo vago, come abbiamo visto nel capitolo precedente, è il nervo principale del sistema parasimpatico. Si estende dal tronco cerebrale fino agli organi vitali, come il cuore, i polmoni, lo stomaco e l'intestino, ed è responsabile di segnali che inducono il corpo a "calmarsi" dopo una risposta di attivazione. Il nervo vago, in altre parole, è il nostro alleato nel recupero e nel ripristino dell'equilibrio, dopo un periodo di stress o sforzo.

Immagina di essere in una situazione stressante. Il sistema simpatico si attiva: il cuore batte più velocemente, la mente si riempie di pensieri rapidi, le spalle si contraggono. Ora, il nervo vago entra in gioco per riportare il corpo alla calma. Stimolando il nervo vago, possiamo rallentare la frequenza cardiaca, abbassare la pressione sanguigna, ridurre la tensione muscolare e favorire una respirazione più profonda e lenta. Questi effetti sono cruciali per evitare che lo stress diventi cronico e per proteggere il nostro organismo da danni a lungo termine.

Il bilanciamento tra simpatico e parasimpatico

Il sistema nervoso autonomo non è composto da due forze che operano separatamente; piuttosto, il sistema simpatico e il sistema parasimpatico sono costantemente in dialogo tra loro, cercando di mantenere un equilibrio dinamico. Se il sistema simpatico prende il sopravvento, possiamo sentirci sovraccarichi di stress, ansia, e difficoltà nel rilassarci. D'altra parte, se il sistema parasimpatico prevale, ci sentiamo più calmi, centrati e in grado di gestire le sfide quotidiane con maggiore serenità.

Tuttavia, il nostro stile di vita moderno, fatto di impegni frenetici, pressioni e stimoli continui, tende a spingere il sistema nervoso verso una costante attivazione simpatica. Questo stato di "iperattivazione" è spesso associato a sintomi di ansia, affaticamento, e difficoltà a dormire. È qui che entra in gioco la nostra capacità di stimolare il nervo vago, favorendo un'inversione di tendenza e permettendo al corpo di tornare a uno stato di equilibrio.

Come il nervo vago influisce sulla gestione dello stress

Lo stress cronico è uno dei principali fattori che minacciano la nostra salute mentale e fisica. Stressato, il corpo può diventare vulnerabile a malattie cardiovascolari, diabete, disturbi gastrointestinali e ansia. La stimolazione del nervo vago è una delle tecniche più efficaci per contrastare questo fenomeno.

Il nervo vago ha il potere di ridurre il rilascio di ormoni dello stress, come il cortisolo, favorendo il rilassamento e il recupero. Una buona stimolazione vagale ci aiuta a ridurre il livello di attivazione simpatico, diminuendo la sensazione di "essere sopraffatti" da ciò che ci circonda. Ecco perché imparare a stimolare il nervo vago è essenziale non solo per il nostro benessere fisico, ma anche per la nostra salute emotiva e psicologica.

Il nervo vago e l'ansia

Uno degli aspetti più interessanti della stimolazione del nervo vago riguarda il trattamento dell'ansia. Le persone che soffrono di ansia tendono a vivere in uno stato di costante attivazione simpatica, con il corpo che "sente" minacce anche quando non ce ne sono. La stimolazione del nervo vago aiuta a interrompere questo ciclo, riportando il corpo in uno stato di rilassamento e abbassando i livelli di ansia.

Studi recenti hanno dimostrato che la stimolazione vagale può ridurre significativamente i sintomi di ansia, migliorare la resilienza psicologica e promuovere un senso generale di benessere. Ma come stimolare il nervo vago in modo pratico?

Stimolazione vagale per ridurre lo stress e l'ansia

Esistono diversi modi per stimolare il nervo vago e favorire il bilanciamento tra il sistema simpatico e parasimpatico. Alcuni di questi metodi possono essere facilmente incorporati nella tua vita quotidiana, offrendo un supporto tangibile nella gestione dello stress. Alcuni esempi includono:

1. **Respirazione profonda e consapevole:** La respirazione diaframmatica stimola direttamente il nervo vago, aiutando a rallentare la frequenza cardiaca e a promuovere il rilassamento.
2. **Meditazione e mindfulness:** La meditazione focalizzata sul respiro aumenta l'attività vagale e migliora la gestione delle emozioni.
3. **Esposizione al freddo:** Bagni freddi, docce fredde o anche una rapida esposizione al freddo stimolano il nervo vago, favorendo il recupero dal stress.
4. **Yoga e tecniche di rilassamento:** Le posizioni yoga, in particolare quelle che favoriscono la respirazione profonda, sono ottime per stimolare il nervo vago.

5. **Cantare e ridere:** Sì, anche attività piacevoli come cantare o ridere stimolano il nervo vago e migliorano il tono vagale.

Il nervo vago è il nostro alleato naturale nella gestione dello stress e dell'ansia. Imparare a stimolarlo in modo efficace può aiutarci a riportare equilibrio al nostro corpo e alla nostra mente, migliorando il nostro benessere a lungo termine. La chiave è riconoscere il suo ruolo fondamentale nel sistema nervoso autonomo e applicare tecniche che possano favorirne l'attivazione.

CAPITOLO 3: IL NERVO VAGO E IL CERVELLO: MENTE E CORPO CONNESSI

Nel mondo scientifico, spesso siamo abituati a pensare alla mente e al corpo come due entità separate. Tuttavia, il nervo vago ci insegna che mente e corpo sono profondamente connessi, uniti da una rete di comunicazioni invisibili che orchestrano la nostra esperienza di benessere. In questo capitolo, esploreremo come il nervo vago giochi un ruolo fondamentale nella salute mentale, influenzando il nostro umore, le emozioni e il nostro stato cerebrale. Comprendere questa connessione ti fornirà gli strumenti per migliorare la tua vita quotidiana, ridurre lo stress e promuovere un equilibrio mentale duraturo.

Il Nervo Vago e il Sistema Limbico: Il Centro delle Emozioni

Per comprendere appieno come il nervo vago

influisce sulla salute mentale, dobbiamo prima esplorare una parte fondamentale del nostro cervello: il sistema limbico. Questo sistema è il nostro "centro emotivo" e include strutture chiave come l'amigdala, l'ippocampo e il talamo. È qui che nascono le emozioni, ma è anche qui che si formano le risposte comportamentali alle esperienze emotive.

Il nervo vago svolge un ruolo cruciale nel regolare l'attività di questa "centrale emotiva". Quando stimoliamo il nervo vago, inviamo un segnale di calma all'amigdala, riducendo la nostra risposta emotiva automatica. L'amigdala, che di solito reagisce a stimoli minacciosi o stressanti con paura e ansia, diventa più "malleabile" quando il nervo vago è attivo, facilitando una risposta più equilibrata e meno reattiva agli stress.

Questo processo è fondamentale per la gestione delle emozioni. La stimolazione del nervo vago contribuisce a promuovere la calma mentale, ridurre l'ansia e migliorare la nostra resilienza emotiva. L'attivazione vagale, infatti, aiuta il cervello a riorientarsi, portando equilibrio nelle reazioni emotive e creando uno stato di serenità interiore.

Neurotrasmettitori e la Connessione tra Nervo Vago e Cervello

Oltre a modulare l'attività del sistema limbico, il nervo vago interagisce direttamente con diversi neurotrasmettitori che regolano il nostro umore e il nostro comportamento. Questi includono la serotonina, il GABA (acido gamma-aminobutirrico) e la dopamina. Tutti questi neurotrasmettitori sono coinvolti nella regolazione dell'umore, della motivazione e della risposta allo stress.

- **Serotonina:** Spesso chiamata il "neurotrasmettitore della felicità", la serotonina gioca un ruolo cruciale nel nostro benessere psicologico. È responsabile della regolazione dell'umore, del sonno e dell'appetito. Il nervo vago stimola la produzione e il rilascio di serotonina, migliorando così il nostro stato d'animo e aiutando a ridurre i sentimenti di tristezza o ansia.
- **GABA:** Questo neurotrasmettitore è un potente calmante per il cervello, riducendo l'attività neuronale e favorendo il rilassamento. Il nervo vago aumenta la produzione di GABA, favorendo un senso di tranquillità e aiutando a ridurre l'eccitabilità mentale che spesso accompagna lo stress o l'ansia.
- **Dopamina:** La dopamina è legata al sistema di ricompensa del cervello, influenzando la motivazione, la gratificazione e la

concentrazione. Un'attivazione sana del nervo vago può supportare un equilibrio nella produzione di dopamina, contribuendo a migliorare la motivazione e l'energia mentale senza il bisogno di ricorrere a stimolanti esterni.

La Stimolazione del Nervo Vago: Un Alleato contro lo Stress

La connessione tra il nervo vago e la salute mentale è particolarmente visibile nel modo in cui il nervo vago contrasta gli effetti dello stress. Quando siamo sotto stress, il sistema nervoso simpatico entra in azione, preparando il corpo per una risposta di "lotta o fuga". Questa risposta è utile in situazioni acute, ma quando il nostro corpo rimane in uno stato di alta attivazione per troppo tempo, può portare a effetti negativi sulla salute mentale e fisica.

Il nervo vago, come parte del sistema parasimpatico, agisce come un antidoto a questo stato di iperattivazione. Stimolando il nervo vago, favoriamo una risposta di "riposo e digestione", che contrasta l'effetto del sistema simpatico. Ciò porta a una riduzione del battito cardiaco, della pressione sanguigna e dei livelli di cortisolo, l'ormone dello stress. Questo non solo aiuta a migliorare la nostra salute fisica, ma ha anche un impatto diretto sul nostro stato mentale, riducendo i sintomi di ansia, irritabilità e preoccupazione.

Il Ciclo del Feedback: Mente e Corpo

Una delle caratteristiche più affascinanti del nervo vago è il ciclo di feedback che crea tra il cervello e il corpo. Mentre il nervo vago invia segnali di calma dal corpo al cervello, il cervello risponde regolando l'attività del sistema nervoso autonomo. Questo ciclo di feedback aiuta a mantenere l'equilibrio tra le emozioni e il corpo, creando un sistema di autoregolazione che favorisce il benessere.

Quando stimoliamo il nervo vago, per esempio attraverso la respirazione profonda o pratiche come la meditazione, inviamo un segnale di calma al cervello. Questo, a sua volta, riduce l'attività dell'amigdala e abbassa i livelli di stress. La mente, a sua volta, reagisce con una riduzione delle preoccupazioni e una maggiore sensazione di benessere. In questo modo, il nervo vago funge da ponte tra mente e corpo, creando una connessione che migliora la nostra esperienza complessiva di salute.

La comprensione del ruolo del nervo vago nel cervello è un passo fondamentale per comprendere come la mente e il corpo siano inseparabili. Stimolare il nervo vago non solo aiuta a regolare la nostra risposta allo stress, ma migliora anche la nostra capacità di gestire emozioni complesse, promuovendo un equilibrio psicologico duraturo. La connessione tra nervo vago e salute mentale è un aspetto essenziale della nostra capacità di vivere in modo più sereno e consapevole, e attraverso semplici tecniche di stimolazione possiamo attingere a questo potere nascosto per migliorare la nostra qualità della vita.

CAPITOLO 4: IL NERVO VAGO E LA SALUTE FISICA

Quando pensiamo al nostro corpo, spesso ci concentriamo sulle azioni che compiamo consapevolmente: muovere i muscoli, respirare o camminare. Ma dietro ogni movimento, ogni battito del cuore, ogni respiro, ci sono processi invisibili che operano senza che ne siamo pienamente consapevoli. Il sistema nervoso autonomo, di cui il nervo vago è un pilastro fondamentale, regola gran parte di queste funzioni invisibili, influenzando la nostra salute fisica in modi che sono ancora oggetto di approfondimento da parte della scienza.

In questo capitolo, esploreremo come il nervo vago contribuisca alla nostra salute fisica, intervenendo in diversi sistemi chiave del nostro corpo, dalla digestione alla frequenza cardiaca, passando per la regolazione dell'infiammazione e il supporto dell'immunità. Scoprire come stimolare e ottimizzare l'attività vagale non solo potrà migliorare il tuo benessere generale, ma ti permetterà di sentirti più in sintonia con il tuo corpo, come se stessi dando il giusto impulso ai suoi processi naturali per restituirti salute e vitalità.

Il Nervo Vago e la Digestione: Un Processo Naturale di Guarigione

Il primo, e forse il più evidente, impatto che il nervo vago ha sulla salute fisica riguarda il processo digestivo. Come molti sanno, la digestione non è solo una questione di rompere i cibi in molecole più piccole, ma coinvolge una serie di funzioni complesse che richiedono l'accurato coordinamento tra vari sistemi: muscolare, enzima, ormonale e nervoso.

Il nervo vago svolge un ruolo centrale in questo coordinamento. È il principale attore del sistema parasimpatico, quello che permette al nostro corpo di "riprendersi" dopo l'attivazione del sistema simpatico, cioè quella risposta "lotta o fuga" che ci fa entrare in modalità stress. Quando il nervo vago è attivo, segnala al corpo di "rallentare" e concentrarsi su funzioni riparative e rigenerative, come la digestione e la cura dell'intestino.

La stimolazione del nervo vago aiuta a migliorare il movimento intestinale, promuove la produzione di enzimi digestivi e regola l'assorbimento dei nutrienti. Inoltre, quando stimoliamo il nervo vago, si riduce la produzione di acido gastrico in eccesso, prevenendo il bruciore di stomaco e migliorando il comfort digestivo. È come se il corpo ricevesse un segnale per entrare in un "modus operandi" più rilassato, favorendo un ambiente intestinale che ottimizza la digestione.

Il Nervo Vago e l'Immunità: Un Corpo Protetto

Un altro aspetto cruciale del nervo vago riguarda la regolazione del sistema immunitario. In un mondo dove siamo costantemente esposti a potenziali minacce microbiche e ambientali, avere un sistema immunitario forte e ben bilanciato è fondamentale. Il nervo vago, attraverso il suo coinvolgimento nella risposta infiammatoria, ha il potere di modulare l'attività del sistema immunitario, mantenendolo in uno stato ottimale.

Molti studi hanno evidenziato che il nervo vago può ridurre l'infiammazione sistemica. Quando il corpo è sottoposto a stress o a un'infezione, il sistema immunitario reagisce rilasciando una serie di molecole infiammatorie. Tuttavia, un'eccessiva infiammazione è dannosa per il corpo, aumentando il rischio di malattie croniche come l'arteriosclerosi, il diabete e le malattie autoimmuni. Il nervo vago, tuttavia, è in grado di "spegnere" questo processo, segnalando al corpo di ridurre la produzione di citochine infiammatorie. In altre parole, stimolando il nervo vago, possiamo favorire una risposta immunitaria equilibrata, che ci protegge senza scatenare reazioni infiammatorie dannose.

La “risposta vagale” si è dimostrata particolarmente utile anche in casi di malattie infiammatorie croniche, come l’artrite reumatoide e la malattia infiammatoria intestinale (IBD). Con il nervo vago che agisce da “freno” sull'infiammazione, il corpo riesce a mantenere un equilibrio sano, riducendo i rischi associati a un sistema immunitario iperattivo.

Il Nervo Vago e la Frequenza Cardiaca: Un Cuore Rilassato

La frequenza cardiaca è un altro aspetto che dipende dal nervo vago. Quando il nervo vago è stimolato, il cuore rallenta, mentre quando il sistema simpatico è attivo, il cuore accelera. In altre parole, il nervo vago regola la risposta cardiaca, assicurandosi che il cuore non lavori in modo eccessivo quando non è necessario.

Il controllo vagale sulla frequenza cardiaca è fondamentale per mantenere il nostro cuore sano. Un cuore che batte troppo velocemente in risposta a stress cronico può aumentare il rischio di malattie cardiovascolari. Al contrario, la stimolazione del nervo vago aiuta a rallentare il battito cardiaco, riducendo lo stress e favorendo uno stato di calma. L’equilibrio tra il sistema simpatico e parasimpatico (quello che il nervo vago rappresenta) è essenziale per il corretto funzionamento del nostro cuore.

La variabilità della frequenza cardiaca (HRV) è un indicatore importante di salute e benessere. Una HRV elevata è segno di un sistema nervoso autonomo sano, in grado di adattarsi facilmente agli stress e di recuperare rapidamente. Stimolare il nervo vago è un modo per migliorare questa variabilità, promuovendo un cuore che è in grado di affrontare le sfide quotidiane senza compromettere la salute.

Il Nervo Vago e la Riduzione dell'Infiammazione: Un Potente Alleato

L'infiammazione è una risposta naturale del corpo a lesioni o infezioni. Tuttavia, l'infiammazione cronica può avere effetti devastanti, contribuendo a malattie come il diabete, le malattie cardiache e il cancro. Il nervo vago gioca un ruolo importante nel regolare l'infiammazione. Grazie alla sua capacità di "accendere" e "spegnere" le risposte infiammatorie, il nervo vago è in grado di prevenire i danni derivanti da un'infiammazione persistente.

Le ricerche suggeriscono che una stimolazione adeguata del nervo vago può ridurre i livelli di infiammazione sistemica, contribuendo a mantenere il corpo in uno stato di salute ottimale. In pratica, ciò significa che non solo puoi affrontare meglio situazioni di stress, ma anche aiutare il tuo corpo a recuperare più velocemente, prevenendo le malattie legate all'infiammazione cronica.

Come abbiamo visto, il nervo vago ha un ruolo centrale nella regolazione di numerosi processi fisici vitali, dalla digestione alla frequenza cardiaca, dalla risposta immunitaria all'infiammazione. Comprendere come stimolare il nervo vago e come ottimizzarne il funzionamento è una chiave per mantenere il corpo in salute e promuovere un equilibrio duraturo tra mente e corpo.
Ogni volta che stimoliamo il nervo vago, stiamo dando un segnale al nostro corpo per rallentare, recuperare e guarire. È un invito a vivere in sintonia con i nostri processi biologici naturali, riducendo lo stress e migliorando la nostra qualità della vita. Che si tratti di un respiro profondo, di una pratica di meditazione o di altre tecniche di stimolazione, il nervo vago è il nostro alleato invisibile, pronto ad aiutarci a raggiungere una salute fisica ottimale.

CAPITOLO 5: STIMOLARE IL NERVO VAGO: LA RESPIRAZIONE CONSAPEVOLE

Immagina per un momento di essere immerso in una giornata particolarmente stressante. Le scadenze si accumulano, i pensieri corrono veloci e il tuo corpo inizia a rispondere a questa pressione interna con una sensazione di ansia crescente, il cuore accelera, la mente si affolla, la respirazione diventa più superficiale e rapida. In questi momenti, spesso il nostro corpo si trova intrappolato in un circolo vizioso di tensione e stress, ma c'è una risorsa che abbiamo sempre a disposizione e che può aiutarci a spezzare questo ciclo: il nervo vago.

Il nervo vago, una delle principali strutture del nostro sistema nervoso autonomo, ha il potere di rallentare la nostra risposta allo stress, riportandoci in uno stato di calma. Ma come possiamo attivarlo in modo efficace, per farlo funzionare come un vero e proprio "interruttore" che ci riporta in equilibrio?

La risposta è la respirazione consapevole. In questo capitolo, esploreremo insieme come le tecniche di respirazione profonda possano stimolare il nervo vago e come, attraverso un respiro consapevole, possiamo migliorare il nostro benessere fisico e mentale. Le tecniche che imparerai in queste righe non sono solo esercizi teorici, ma veri e propri strumenti pratici che puoi integrare nella tua vita quotidiana, per affrontare meglio le sfide e ottenere un senso di maggiore tranquillità.

Il Nervo Vago e la Respirazione: Un Legame Profondo

Il nostro sistema nervoso autonomo, di cui il nervo vago è uno degli attori principali, regola molte delle funzioni vitali che avvengono senza il nostro intervento consapevole: il battito cardiaco, la digestione, la pressione sanguigna e la respirazione stessa. In particolare, il nervo vago è il responsabile del "tono vagale", ovvero la capacità del nostro corpo di rallentare, recuperare e gestire lo stress. Quando il tono vagale è alto, il nostro corpo è in grado di affrontare le sfide con maggiore resilienza, recuperando velocemente dai periodi di stress.

La respirazione consapevole è uno degli strumenti più potenti che abbiamo per attivare il nervo vago. Ogni respiro profondo e controllato invia un segnale al cervello che stimola il nervo vago, promuovendo un'azione calmante su tutto il corpo. Pensiamo al respiro come un "ponte" tra la mente e il corpo: mentre la mente può essere agitata e frenetica, il respiro agisce come un ancoraggio che riporta tutto alla calma. Quando pratichiamo tecniche di respirazione profonda, stimoliamo la parte del sistema nervoso che è incaricata di rilassarci, rallentando la nostra frequenza cardiaca, abbassando la pressione sanguigna e migliorando la digestione.

Tecniche di Respirazione per Stimolare il Nervo Vago

Esistono diverse tecniche di respirazione che possono essere utilizzate per stimolare il nervo vago. Ognuna di esse agisce in modo specifico sul nostro corpo e sulla nostra mente, aiutandoci a rallentare e a promuovere una sensazione di benessere. Scopriamo insieme le più efficaci.

1. La respirazione diaframmatica (o addominale)

La respirazione diaframmatica è una delle tecniche più efficaci per stimolare il nervo vago. Questo tipo di respirazione coinvolge il diaframma, il muscolo che separa il torace dall'addome, e permette di riempire i polmoni di aria in modo più profondo ed efficiente.

Come farla:

- Siediti in un posto tranquillo, con la schiena dritta e rilassata.
- Poni una mano sul petto e l'altra sull'addome.
- Inizia a inspirare lentamente e profondamente attraverso il naso, facendo espandere il ventre, mentre il petto rimane il più immobile possibile.
- Espira lentamente attraverso la bocca, cercando di svuotare completamente i polmoni, e facendo rientrare l'addome.
- Continua a respirare in questo modo per alcuni minuti, concentrandoti sul movimento del tuo addome.

Questa tecnica aiuta a ridurre la tensione, stimola il nervo vago e può migliorare notevolmente la capacità di rilassamento durante i momenti di stress.

2. La respirazione 4-7-8

La respirazione 4-7-8 è un'altra tecnica potente che stimola il nervo vago e promuove un profondo rilassamento. È particolarmente utile quando hai bisogno di calmarti velocemente o addormentarti.

Come farla:

- Inizia espirando completamente attraverso la bocca.
- Inspira attraverso il naso per un conteggio di 4 secondi.
- Trattieni il respiro per 7 secondi.
- Espira lentamente attraverso la bocca per un conteggio di 8 secondi, facendo un suono simile a un sibilo.
- Ripeti il ciclo per 4-5 volte.

Questa tecnica aiuta a ridurre l'ansia e a promuovere una sensazione di calma immediata, stimolando il nervo vago e riducendo la frequenza cardiaca.

3. La respirazione alternata (Nadi Shodhana)

La respirazione alternata è una tecnica utilizzata nella pratica dello yoga che bilancia il sistema nervoso e favorisce la calma mentale. Agisce sul nervo vago stimolando il passaggio dell'aria attraverso entrambe le narici in modo alternato.

Come farla:

- Siediti in una posizione comoda e rilassata.

- Usa il pollice destro per chiudere la narice destra.
- Inspira lentamente e profondamente attraverso la narice sinistra.
- Chiudi la narice sinistra con l'anulare destro e trattieni il respiro per un attimo.
- Apri la narice destra ed espira lentamente attraverso la narice destra.
- Inspira lentamente attraverso la narice destra.
- Chiudi la narice destra con il pollice e trattieni il respiro.
- Apri la narice sinistra ed espira lentamente attraverso di essa.
- Continua alternando tra le narici per alcuni minuti.

Questa pratica bilancia l'attività del sistema nervoso simpatico e parasimpatico, riducendo lo stress e migliorando la concentrazione.

Come Integrare la Respirazione Consapevole nella Vita Quotidiana

Ora che conosci le tecniche di respirazione che stimolano il nervo vago, è il momento di integrarle nella tua vita quotidiana. La bellezza della respirazione consapevole è che non richiede attrezzature speciali né molto tempo, ma può essere praticata ovunque: a casa, al lavoro, mentre sei in viaggio o prima di dormire.

Ecco alcuni suggerimenti per renderla parte della tua routine:

1. **Inizia con brevi sessioni:** Dedica 3-5 minuti al giorno per praticare la respirazione profonda. All'inizio, puoi farlo ogni mattina appena sveglio o prima di andare a letto.
2. **Usa la respirazione consapevole durante i momenti di stress:** Ogni volta che ti senti sopraffatto, prova a fare una breve sessione di respirazione profonda. Può essere utile anche prima di affrontare una situazione che ti provoca ansia o preoccupazione.
3. **Pratica la respirazione durante l'attività fisica:** Se pratichi sport o esercizi fisici, integra la respirazione consapevole per migliorare il recupero e ridurre la tensione muscolare.

Il respiro è una risorsa straordinaria che spesso diamo per scontata. Eppure, la sua capacità di influire sul nostro stato fisico e mentale è immensa. Attraverso la respirazione consapevole, possiamo stimolare il nervo vago e accedere a uno stato di calma profonda, migliorando il nostro benessere complessivo.
Inizia oggi a esplorare il potere del tuo respiro. Ogni

respiro che fai è un'opportunità per attivare il tuo nervo vago, calmare la mente e riportare il tuo corpo in equilibrio. Non sottovalutare mai l'importanza di una respirazione consapevole: è un gesto semplice, ma potente, che ti accompagnerà in ogni momento della tua vita, facendoti sentire più sereno, concentrato e in armonia con te stesso.

CAPITOLO 6: STIMOLARE IL NERVO VAGO: IL POTERE DEL FREDDO

Immagina di essere sotto una doccia fredda. La sensazione di acqua ghiacciata che ti colpisce la pelle è intensa, quasi scioccante, e per un attimo il tuo corpo entra in uno stato di allerta. Il cuore batte più forte, la respirazione diventa più profonda, i muscoli si contraggono. Nonostante l'apparente disagio, c'è qualcosa di incredibilmente liberatorio in questo momento. Una volta che l'esperienza finisce, ti ritrovi con un senso di energia, di chiarezza mentale e di calma interiore che sembra essere appena stato attivato dal freddo stesso.

Questa risposta del corpo al freddo non è solo una reazione fisica immediata, ma è anche un potente strumento per stimolare il nervo vago, una delle principali strutture del nostro sistema nervoso autonomo. Il nervo vago gioca un ruolo cruciale nel nostro benessere psicofisico, aiutandoci a gestire lo stress, a ridurre l'infiammazione e a mantenere l'equilibrio tra i vari sistemi del corpo.

In questo capitolo, esploreremo come l'esposizione al freddo, attraverso pratiche come le docce fredde e i bagni di ghiaccio, possa attivare il nervo vago e portare numerosi benefici per la salute mentale e fisica. Scopriremo anche come queste tecniche, se praticate con consapevolezza, possano diventare una risorsa potente per migliorare il nostro benessere generale, stimolare la mente e favorire la resilienza psicologica.

Il Freddo come Stimolo per il Nervo Vago

Il nervo vago è una delle vie principali attraverso cui il sistema nervoso parasimpatico, la parte del nostro sistema nervoso responsabile del rilassamento e della gestione dello stress, comunica con il corpo. È coinvolto in molteplici funzioni vitali, come il controllo del battito cardiaco, della digestione, e della risposta infiammatoria. Quando il tono vagale è alto, il corpo è in grado di riprendersi rapidamente dallo stress, recuperare più velocemente e mantenere uno stato di salute ottimale.

L'esposizione al freddo stimola direttamente il nervo vago, attivando la sua funzione calmante. Sebbene l'esperienza del freddo possa inizialmente sembrare un'esperienza di stress, essa agisce come un "allenamento" per il corpo, incrementando la resilienza e migliorando la capacità di affrontare il disagio fisico e mentale.

Quando ci immergiamo in acqua fredda o ci esponiamo a temperature basse, il corpo attiva una serie di risposte fisiologiche, inclusa la vasocostrizione, che riduce il flusso sanguigno verso la pelle per proteggere gli organi vitali. Questo, a sua volta, stimola il nervo vago a entrare in azione, aiutando a ripristinare l'equilibrio del sistema nervoso e a ridurre la risposta allo stress. Dopo l'esposizione, quando il corpo inizia a riscaldarsi, il nervo vago aiuta a riportare la calma, favorendo il rilascio di endorfine e dopamina, neurotrasmettitori che contribuiscono al senso di benessere.

Le Tecniche di Stimolazione del Nervo Vago tramite il Freddo

Esistono diverse tecniche che utilizzano il freddo come strumento per stimolare il nervo vago. Alcune di esse sono molto semplici da praticare, mentre altre richiedono un impegno maggiore, ma tutte offrono vantaggi straordinari per la salute fisica e mentale.

1. Docce fredde

Le docce fredde sono probabilmente il modo più semplice ed immediato per stimolare il nervo vago. Non è necessario immergersi completamente in acqua gelida, ma anche un'esposizione breve e controllata può essere estremamente benefica.

Come farla:

- Inizia con una doccia calda, come fai normalmente, per rilassare i muscoli e preparare il corpo.
- Quando sei pronto, abbassa gradualmente la temperatura dell'acqua fino a renderla fredda, ma non estremamente gelida (puoi iniziare con acqua fresca e aumentare lentamente la durata e l'intensità).
- Resta sotto l'acqua fredda per circa 30 secondi, cercando di mantenere la calma e concentrarti sulla respirazione.
- Espira profondamente, cercando di rallentare il battito cardiaco e favorire il rilassamento.
- Puoi ripetere il processo una o due volte, aumentando gradualmente il tempo sotto il getto freddo.

Le docce fredde aiutano a migliorare la circolazione sanguigna, stimolare il metabolismo, rafforzare il sistema immunitario e migliorare la tolleranza allo stress.

2. Bagni di ghiaccio

Un'altra tecnica potente è il bagno di ghiaccio, che prevede l'immersione completa in acqua fredda (di solito intorno ai 5-10°C) con l'aggiunta di ghiaccio. Questo metodo è utilizzato dai praticanti di sport estremi e dagli atleti professionisti per ridurre il dolore muscolare e accelerare il recupero, ma offre anche benefici straordinari per la salute mentale e la stimolazione del nervo vago.

Come farlo:

- Prepara una vasca con acqua fredda e aggiungi ghiaccio fino a raggiungere una temperatura tra i 5 e i 10 gradi Celsius.
- Siediti lentamente nella vasca e immergiti gradualmente, facendo attenzione a non esporre immediatamente il corpo a un freddo troppo intenso.
- Mantieni il respiro lento e profondo, cercando di non andare in panico di fronte al freddo. Focalizzati sull'esperienza e sul rilascio di tensione.
- Inizia con sessioni di 2-3 minuti e aumenta gradualmente la durata man mano che ti abitui a questa pratica.

Il bagno di ghiaccio stimola potentemente il nervo vago, favorendo la riduzione dell'infiammazione e aumentando il tono vagale, migliorando la risposta allo stress a lungo termine.

3. Esposizione al freddo all'esterno

Anche se meno comune, l'esposizione al freddo all'esterno è un altro modo per stimolare il nervo vago. Pratiche come il camminare in ambienti freddi, o addirittura l'esposizione all'aria fredda, possono attivare il sistema nervoso parasimpatico, migliorando la nostra resilienza allo stress.

Come farlo:

- Esci all'aria aperta in una giornata fredda, preferibilmente quando la temperatura è abbastanza bassa, ma non pericolosa (10-15°C è l'ideale per cominciare).
- Puoi camminare lentamente, concentrandoti sul respiro e sulle sensazioni che provi nel corpo mentre ti abitui al freddo.
- Respira profondamente e cerca di rimanere calmo mentre il freddo stimola il nervo vago.

Questa esposizione al freddo aiuta anche a migliorare l'umore, riducendo ansia e depressione, e può avere effetti simili alla meditazione in termini di gestione dello stress.

Benefici per la Salute Mentale e Fisica

I benefici derivanti dall'esposizione al freddo non si limitano solo alla stimolazione del nervo vago. Questo tipo di pratica ha anche effetti straordinari sulla salute mentale e fisica. Alcuni dei principali vantaggi includono:

- **Riduzione dello stress:** Il freddo, se affrontato consapevolmente, può aiutare a ridurre i livelli di cortisolo, l'ormone dello stress, migliorando la capacità di rilassarsi.
- **Aumento dell'energia:** Dopo l'esposizione al freddo, il corpo rilascia endorfine, aumentando l'energia e migliorando l'umore.
- **Miglioramento del sistema immunitario:** L'esposizione al freddo può stimolare il sistema immunitario, aumentando la produzione di globuli bianchi e migliorando la risposta infiammatoria.
- **Aumento della resilienza psicologica:** Affrontare il freddo in modo consapevole

migliora la nostra capacità di resistere allo stress psicologico, allenando il corpo e la mente a mantenere la calma di fronte alle difficoltà.

L'esposizione al freddo non è solo una sfida fisica, ma una vera e propria opportunità per stimolare il nervo vago e migliorare il nostro benessere. Attraverso pratiche come le docce fredde, i bagni di ghiaccio e l'esposizione all'ambiente esterno, possiamo attivare il nostro sistema parasimpatico, ridurre lo stress e promuovere un senso di calma e vitalità.

Se non hai mai provato il freddo come strumento di benessere, ti invito a provarlo con gradualità e attenzione. Ogni piccola esposizione ti aiuterà a riscoprire la tua resilienza, la tua forza interiore e il potere di migliorare il tuo equilibrio psicofisico.

CAPITOLO 7: STIMOLARE IL NERVO VAGO: SUONI E VIBRAZIONI

Immagina di essere immerso in un'atmosfera tranquilla, dove ogni suono sembra avvolgerti in una calda coperta di serenità. Forse stai ascoltando il suono delicato di una campanella tibetana, o il ritmo profondo e vibrante di una musica meditativa. In questo stato, il tuo respiro diventa più lento e profondo, il battito cardiaco si regolarizza, e una sensazione di calma ti avvolge. Quello che stai vivendo, anche se può sembrare una semplice esperienza musicale, è in realtà una stimolazione potente del nervo vago, il cuore del nostro sistema nervoso parasimpatico.

Il nervo vago è responsabile di molte funzioni vitali, tra cui il controllo del battito cardiaco, la digestione e la gestione dello stress. Quando il tono vagale è alto, il corpo è più capace di entrare in uno stato di rilassamento, ridurre l'infiammazione e migliorare il benessere generale. Una delle modalità più affascinanti e potenti per stimolare il nervo vago è attraverso i suoni e le vibrazioni. Tecniche come il canto, il humming (fare suoni vibranti con la voce), e l'ascolto di musica o di frequenze specifiche, sono strumenti naturali e profondamente efficaci per potenziare il nostro sistema nervoso e promuovere il rilassamento.

In questo capitolo, esploreremo il legame tra suono, vibrazione e nervo vago, scoprendo come queste pratiche possano diventare alleati straordinari nella gestione dello stress, nel miglioramento dell'umore e nell'incremento della nostra salute fisica e mentale. Ti guiderò anche attraverso alcuni esercizi pratici, che potrai integrare facilmente nella tua routine quotidiana, per sfruttare al massimo il potere di queste tecniche.

Il Legame Tra Suono, Vibrazione e il Nervo Vago

Il suono e la vibrazione sono, in effetti, due delle forze più potenti che influenzano il nostro corpo a livello neurologico. Ogni suono che percepiamo genera delle vibrazioni che, attraverso l'orecchio, raggiungono il cervello, influenzando il nostro stato emotivo, il nostro respiro e anche la nostra fisiologia. La percezione dei suoni è strettamente legata al sistema nervoso autonomo, il quale regola molte delle funzioni involontarie del corpo, come il battito cardiaco, la respirazione e la digestione.

Il nervo vago, in particolare, risponde a stimoli sonori e vibratori. La vibrazione, infatti, è in grado di modulare la frequenza delle onde cerebrali, influenzando direttamente la nostra risposta allo stress. Quando il nostro sistema nervoso percepisce suoni e vibrazioni che sono in grado di promuovere un senso di tranquillità, attiva il nervo vago per favorire un abbassamento della frequenza cardiaca, una respirazione più profonda e un rilassamento muscolare.

Anche se non sempre ne siamo consapevoli, la risposta al suono è immediata e profonda. Quando ascoltiamo una musica rilassante o partecipiamo a un'attività che coinvolge il nostro corpo in una vibrazione, come cantare o fare humming, il nostro sistema nervoso parasimpatico viene attivato, aiutando a ridurre i livelli di cortisolo (l'ormone dello stress) e a migliorare il nostro benessere emotivo e fisico.

Come Suoni e Vibrazioni Stimolano il Nervo Vago

Le vibrazioni sonore, specialmente quelle emesse dalla nostra voce, sono tra le forme di stimolazione più dirette ed efficaci per il nervo vago. Esistono diversi tipi di suoni che possono avere effetti diversi sul nostro corpo, e capire come sfruttarli è fondamentale per potenziare il nostro sistema nervoso.

1. Canto

Il canto è una delle forme più antiche e potenti di stimolazione del nervo vago. Quando cantiamo, la nostra voce emette vibrazioni che attraversano il nostro corpo, raggiungendo direttamente il nervo vago, specialmente nella zona della gola, dove questo nervo ha una delle sue terminazioni più sensibili. Inoltre, il canto favorisce una respirazione profonda, che è essenziale per stimolare il nervo vago e portare il corpo in uno stato di rilassamento.

Come farlo:

- Scegli una canzone che ti piace e che ti faccia sentire bene. Non preoccuparti della perfezione del suono: l'importante è che tu canti con il cuore e che ti concentri sulle vibrazioni che senti nel corpo.
- Mentre canti, prova a sentirne le vibrazioni in punti specifici come la testa, il petto e la gola. Questo ti aiuterà a stimolare il nervo vago in modo naturale.
- Se vuoi intensificare l'effetto, canta a voce bassa, concentrandoti sulla sensazione di risonanza, oppure prova a canticchiare (humming), una tecnica che stimola ancor di più il nervo vago.

2. Humming (Canticchiare)

Il **humming**, o canticchiare, è una pratica che sfrutta le vibrazioni sonore emesse dalla nostra voce, ma con una caratteristica in più: quando canticchiamo, le vibrazioni vengono amplificate nella cavità nasale e nella testa, creando una stimolazione particolarmente benefica per il nervo vago. Il humming non solo favorisce un rilassamento profondo, ma può anche essere un modo potente per calmarci e focalizzarci.

Come farlo:

- Siediti in un posto tranquillo e chiudi gli occhi.
- Inizia a fare un suono continuo e profondo con la bocca chiusa, come se stessi canticchiando una melodia.
- Senti le vibrazioni che si propagano nel tuo corpo, in particolare nella zona della testa e del torace.
- Respira lentamente e profondamente mentre continui a fare humming, cercando di mantenere la concentrazione sul suono e sulle sensazioni che provi.

3. Ascoltare Musica

La musica è un'altra potente forma di stimolazione del nervo vago. Le melodie rilassanti, le frequenze binaurali, e i suoni della natura possono abbassare la tensione, migliorare la qualità del sonno e ridurre lo stress. Diversi tipi di musica agiscono direttamente sul nostro sistema nervoso autonomo, aiutando a modulare il battito cardiaco e la respirazione.

Come farlo:

- Ascolta musica che ti aiuti a rilassarti. Può essere musica classica, suoni della natura o frequenze binaurali. L'importante è scegliere qualcosa che ti permetta di liberare la mente e concentrarti sul momento presente.
- Trova un posto tranquillo e siediti o sdraiati comodo. Lasciati avvolgere dai suoni e prova a focalizzarti sulle sensazioni che ogni nota ti provoca nel corpo.
- Se possibile, ascolta la musica con delle cuffie che ti permettano di immergerti completamente nel suono.

4. Frequenze Binaurali

Le frequenze binaurali sono un tipo di suono che si crea quando due toni leggermente diversi vengono riprodotti in ciascun orecchio. Questi toni interagiscono nel cervello, creando una percezione di un terzo tono, che può influenzare il nostro stato mentale, favorendo il rilassamento o la concentrazione. Le frequenze binaurali sono particolarmente efficaci nel stimolare il nervo vago e nel migliorare la qualità del sonno e la gestione dello stress.

Come farlo:

- Trova un audio di frequenze binaurali specifiche per il rilassamento o il benessere.
- Usa delle cuffie per una migliore percezione del suono e siediti in un posto tranquillo, chiudendo gli occhi.
- Lasciati avvolgere dalle frequenze e permetti al tuo corpo di rilassarsi completamente.

Esercizi Pratici per Stimolare il Nervo Vago con i Suoni

Per integrare questi concetti nella tua vita quotidiana, ti propongo alcuni esercizi pratici che puoi provare in qualsiasi momento della giornata, quando hai bisogno di ridurre lo stress e stimolare il nervo vago:

1. **Canticchio Consapevole:** Ogni mattina, dedicati 5 minuti di humming. Siediti comodamente, chiudi gli occhi e inizia a canticchiare lentamente. Concentrati sulle vibrazioni nel corpo e cerca di rallentare il respiro mentre emetti il suono.
2. **Momento Musicale Rilassante:** Ogni sera, prima di andare a dormire, ascolta una canzone che ti faccia sentire bene, con un ritmo lento e rilassante. Focalizzati sulla musica e lascia che il suo suono entri nel corpo, portando il tuo sistema nervoso in uno stato di calma.
3. **Meditazione con Frequenze Binaurali:** Prova a fare una meditazione con frequenze binaurali specifiche per il rilassamento o il miglioramento del sonno. Dedica almeno 10 minuti al giorno per ascoltare questi suoni, aiutando il tuo corpo e la tua mente a rilasciare ogni tensione.

Il potere dei suoni e delle vibrazioni per stimolare il nervo vago è straordinario. Non solo questi esercizi ti aiuteranno a ridurre lo stress, ma possono anche migliorare la tua capacità di concentrarti, favorire un sonno di qualità e migliorare la tua salute mentale e fisica. Integrare queste pratiche nella tua vita quotidiana ti darà un vantaggio significativo nel migliorare il tuo equilibrio psicofisico, aiutandoti a sentirti più calmo, centrato e in armonia con te stesso.

CAPITOLO 8: IL NERVO VAGO E IL RILASSAMENTO MUSCOLARE

Immagina di essere in un luogo tranquillo, lontano da tutto ciò che ti preoccupa. Il tuo corpo è rilassato, i muscoli non sono più tesi, il respiro scorre dolcemente. In questo stato, hai appena attivato il potere del tuo nervo vago, un alleato invisibile ma potentissimo che regola il tuo benessere fisico e mentale. Quando stimoliamo questo nervo, attiviamo una risposta di rilassamento che coinvolge l'intero corpo, riducendo lo stress e promuovendo una sensazione di tranquillità. Questo capitolo esplorerà come il rilassamento muscolare può influire positivamente sul tono vagale, e come l'integrazione di tecniche di rilassamento nella tua routine quotidiana possa migliorare significativamente il tuo stato di salute.

Il nervo vago è il principale componente del nostro sistema nervoso parasimpatico, che ha il compito di "rallentare" il corpo dopo un periodo di stress, consentendo al cuore di battere più lentamente, alla respirazione di diventare più profonda e ai muscoli di rilassarsi. Quando il tono vagale è alto, il nostro corpo è in grado di rispondere allo stress in modo più efficiente, recuperando rapidamente dallo sforzo e ripristinando l'equilibrio. Questo meccanismo è essenziale per affrontare le sfide quotidiane senza che il nostro organismo finisca per essere sovraccaricato o danneggiato.

Ma come possiamo stimolare il nervo vago per favorire il rilassamento muscolare? Come possiamo insegnare al nostro corpo a entrare in uno stato di calma profonda e duratura? Scopriremo insieme le tecniche più efficaci, dai rilassamenti progressivi allo yoga, per allenare il nostro corpo a rispondere meglio allo stress e a migliorare il nostro tono vagale.

Il Rilassamento Muscolare Progressivo: Un'arte che Riporta l'Equilibrio

Il rilassamento muscolare progressivo (RMP) è una tecnica scientificamente provata che coinvolge il rilassamento di specifici gruppi muscolari, uno per volta. Il principio alla base di questa tecnica è che, attraverso la tensione e il successivo rilassamento dei muscoli, possiamo insegnare al nostro corpo a riconoscere la differenza tra tensione e rilassamento, promuovendo un abbassamento del livello di stress e migliorando il tono vagale.

In pratica, l'RMP ti guida in un viaggio di consapevolezza corporea, dove ogni parte del tuo corpo viene esaminata, prima in uno stato di tensione, poi in uno di rilassamento. Questo processo aiuta a focalizzare l'attenzione sul corpo e a liberarlo dalla tensione accumulata. Con il tempo, il corpo diventa più sensibile alla tensione muscolare e più abile nel liberarsene, creando uno stato di rilassamento che stimola il nervo vago e promuove un senso di calma.

Come Fare: Esercizio di Rilassamento Muscolare Progressivo

1. **Preparazione:** Siediti o sdraiati in un luogo tranquillo, dove non sarai disturbato. Assicurati di avere il tempo e la privacy per concentrarti completamente su te stesso.
2. **Inizia con i piedi:** Porta l'attenzione ai tuoi piedi. Flessi i piedi verso di te, stringi le dita e mantieni la tensione per circa 5-10 secondi. Poi, rilascia lentamente la tensione, concentrandoti sulla sensazione di rilassamento che segue.
3. **Sali progressivamente:** Passa ai polpacci, alle cosce, all'addome, al petto, alle braccia, al viso e infine alla testa. In ogni area,

stringi i muscoli per qualche secondo e poi rilascia completamente. Sentirai la differenza tra la tensione e il rilassamento in ogni parte del corpo.

4. **Respiro consapevole:** Durante l'esercizio, presta attenzione al tuo respiro. Inspira profondamente mentre stringi i muscoli, e espira lentamente mentre li rilassi. Questo aiuterà a sincronizzare il rilassamento muscolare con l'attivazione del nervo vago.

Lo Yoga: Il Movimento che Rilassa e Risveglia il Nervo Vago

Lo yoga è un'altra tecnica potentissima per stimolare il nervo vago e promuovere il rilassamento muscolare. Le posizioni yoga (o asana) sono progettate per liberare la tensione dal corpo, migliorare la postura, e favorire una respirazione profonda che stimola il nervo vago. La combinazione di movimento lento e respiro consapevole è un vero e proprio strumento terapeutico per il corpo e la mente.

Lo yoga stimola il nervo vago attraverso due meccanismi principali: il primo è la respirazione profonda. Durante una pratica di yoga, la respirazione è un elemento fondamentale. Inspirando ed espirando in modo profondo e controllato, si attiva il sistema parasimpatico, abbassando il battito cardiaco e rilassando i muscoli. Il secondo meccanismo è il movimento. Ogni posizione yoga è pensata per allungare i muscoli, migliorare la flessibilità e ridurre la rigidità, favorendo un rilassamento generale del corpo.

Yoga per Stimolare il Nervo Vago

1. **Respirazione Profonda (Pranayama):** Una delle tecniche di respiro più efficaci nello yoga è il respiro ujjayi, che implica l'inspirazione e l'espirazione attraverso il naso, creando un suono simile a quello del mare. Questo tipo di respiro calma la mente e stimola il nervo vago, migliorando la gestione dello stress.
2. **Posizione del Bambino (Balasana):** In questa posizione, ti inginocchi con la fronte appoggiata al tappeto, le braccia estese in avanti. Questo semplice allungamento aiuta a rilasciare la tensione nel corpo, favorendo un senso di calma e rilassamento.
3. **Posizione del Ponte (Setu Bandhasana):** Disteso sulla schiena, solleva lentamente i fianchi verso il soffitto, mantenendo i piedi ben piantati a terra. Questa posizione apre il petto e stimola la respirazione profonda, favorendo il rilassamento e il flusso energetico attraverso il corpo.

4. **Posizione del Cane a Testa in Giù (Adho Mukha Svanasana):** Questa posizione inversa stimola il flusso sanguigno al cervello, riducendo la tensione nella parte superiore del corpo e favorendo una sensazione di benessere generale.

Il Rilassamento Muscolare e la Stimolazione del Nervo Vago

Il nervo vago non è solo il protagonista della risposta di rilassamento del corpo, ma è anche responsabile dell'integrazione tra il corpo e la mente. Quando stimoliamo il nervo vago attraverso tecniche come il rilassamento muscolare progressivo e lo yoga, non stiamo solo migliorando la nostra fisiologia, ma stiamo anche creando uno spazio mentale di serenità e centratura.

Quando il nostro corpo è rilassato, la mente può liberarsi dalla confusione e dallo stress. Il nervo vago favorisce la connessione tra il cervello e il corpo, facendo sì che il nostro sistema nervoso possa rispondere in modo più efficace alle difficoltà quotidiane. Ogni volta che pratichi uno degli esercizi di rilassamento descritti in questo capitolo, stai non solo abbassando il livello di stress, ma stai anche allenando il tuo corpo a rispondere meglio agli stimoli negativi, migliorando la tua resilienza fisica ed emotiva.

Il rilassamento muscolare e lo yoga sono strumenti straordinari per stimolare il nervo vago e promuovere il benessere generale. Integrando queste tecniche nella tua routine quotidiana, non solo ti aiuterai a ridurre lo stress e migliorare la qualità della tua vita, ma potrai anche scoprire una nuova connessione tra corpo e mente, una connessione che ti permetterà di affrontare ogni sfida con calma, consapevolezza e serenità.
Ricorda: il corpo e la mente sono in stretta comunicazione. Quando impari a rilassare il tuo corpo, la tua mente seguirà, e insieme, attiverete il potere del nervo vago per riportare l'equilibrio e la pace interiore.

CAPITOLO 9: IL NERVO VAGO E IL BENESSERE EMOTIVO

Immagina di affrontare una giornata particolarmente stressante. Il tuo cuore batte velocemente, la mente è frenetica, e senti che ogni emozione negativa si insinua nel tuo corpo come una corrente elettrica. Ora, immagina di poter interrompere questa spirale di stress, di poterti fermare e ritrovare rapidamente un senso di calma e centratura. Questo è ciò che il nervo vago può offrirti: un vero e proprio interruttore biologico per il tuo sistema emotivo. In questo capitolo, esploreremo come il nervo vago sia la chiave per regolare le emozioni e come puoi utilizzarlo per rafforzare la tua resilienza emotiva, migliorando la tua capacità di gestire le sfide quotidiane.

Il nervo vago è una delle strutture più affascinanti e potenti del nostro corpo. Parte del sistema nervoso parasimpatico, il nervo vago ha il compito di "calmare" il corpo dopo che è stato attivato dal sistema nervoso simpatico, quello responsabile della risposta "lotta o fuga". Quando stimoliamo il nervo vago, il corpo e la mente si preparano a rilassarsi e recuperare dallo stress, favorendo un ambiente interno ideale per il benessere emotivo.

Il nostro stato emotivo è intrinsecamente legato alla nostra fisiologia. Le emozioni non sono solo qualcosa che "sentiamo" nella mente, ma sono profondamente radicate nel corpo. La paura, l'ansia, la rabbia, ma anche la gioia, la serenità e l'amore, producono cambiamenti fisici che possono essere misurati, come l'aumento della frequenza cardiaca, la tensione muscolare o la respirazione superficiale. La capacità di regolare queste risposte fisiologiche è ciò che ci permette di affrontare le emozioni in modo equilibrato. E qui entra in gioco il nervo vago, il nostro alleato invisibile che ci aiuta a ritrovare la serenità, anche nelle tempeste emotive.

Il Ruolo del Nervo Vago nella Regolazione delle Emozioni

Per comprendere il ruolo del nervo vago nella gestione delle emozioni, dobbiamo prima sapere come funziona la sua interazione con il cervello e il corpo. Il nervo vago agisce come una sorta di freno biologico che riduce l'attività del sistema nervoso simpatico, quello che viene attivato durante lo stress. Quando il nervo vago è attivo e il suo tono è alto, il corpo entra in uno stato di rilassamento, che a sua volta favorisce emozioni più equilibrate.

Quando affrontiamo situazioni stressanti, il nostro sistema nervoso simpatico prende il sopravvento, e il nostro corpo entra in modalità di "lotta o fuga". Il cuore accelera, i muscoli si contraggono, la respirazione si fa più superficiale. Questo stato è utile per affrontare situazioni pericolose, ma se persiste troppo a lungo, può portare a disagi fisici ed emotivi, come l'ansia e la depressione. Il nervo vago, al contrario, stimola il sistema nervoso parasimpatico, che riduce la frequenza cardiaca, promuove una respirazione profonda e rilassa i muscoli. È grazie a questa attivazione che possiamo "frenare" l'onda emotiva, riportando il corpo e la mente a uno stato di equilibrio.

Questa capacità di modulare le emozioni è cruciale per il nostro benessere emotivo. Quando il tono vagale è alto, siamo più resilienti alle difficoltà quotidiane. Le sfide non ci travolgono, ma possiamo affrontarle con calma, consapevolezza e lucidità. In altre parole, un tono vagale forte è sinonimo di una maggiore capacità di resilienza emotiva.

Come Rafforzare il Tono Vagale per Migliorare la Resilienza Emotiva

La buona notizia è che possiamo migliorare il tono vagale attraverso tecniche specifiche che stimolano il nervo vago e favoriscono una risposta fisiologica di rilassamento. In questo modo, possiamo allenare il nostro corpo e la nostra mente a reagire meglio agli stress, aumentando la nostra resilienza emotiva. Le pratiche più efficaci includono la meditazione, la consapevolezza e l'esercizio fisico, che stimolano il nervo vago e ci aiutano a mantenere una condizione di benessere emotivo.

Meditazione e Mindfulness: La Via della Calma Interiore

La meditazione è una delle pratiche più potenti per stimolare il nervo vago e migliorare la regolazione emotiva. La meditazione aiuta a rallentare il battito cardiaco, a ridurre la tensione muscolare e a favorire la consapevolezza del momento presente. Quando pratichiamo la meditazione, possiamo concentrarci sul respiro, sull'ascolto del nostro corpo e sulla gestione dei pensieri ed emozioni. Questo stato di presenza mentale promuove l'attivazione del nervo vago e riduce la reattività emotiva.

Un tipo di meditazione particolarmente utile per stimolare il nervo vago è la meditazione sul respiro profondo. Ogni respiro che facciamo in modo profondo e consapevole stimola il nervo vago, attivando la risposta di rilassamento del corpo. Una respirazione lenta e profonda non solo riduce lo stress immediato, ma aiuta anche a regolare il sistema nervoso nel lungo periodo, migliorando la nostra capacità di affrontare emozioni forti e intense.

Consapevolezza Emotiva: Imparare a "Sentire" senza Essere sopraffatti

La consapevolezza emotiva implica un'attenzione costante alle nostre emozioni, senza giudizio. Invece di cercare di ignorare o sopprimere ciò che proviamo, impariamo a riconoscere e accettare ogni emozione che attraversa il nostro corpo. Questo non significa essere passivi o impotenti di fronte alle emozioni, ma piuttosto sviluppare la capacità di osservarle senza esserne sopraffatti. La consapevolezza ci aiuta a rallentare la risposta emotiva, permettendoci di scegliere come reagire in modo più equilibrato.

Quando ci allenamo a percepire le emozioni senza giudicarle, stimoliamo il nervo vago e favoriamo una risposta parasimpatica. In pratica, impariamo a non reagire impulsivamente alle emozioni, ma a lasciare che queste passino senza farci travolgere.

Esercizio Fisico: Un Alleato Silenzioso del Nervo Vago

L’esercizio fisico è un altro modo molto efficace per stimolare il nervo vago e migliorare il benessere emotivo. L'attività fisica regolare riduce i livelli di cortisolo (l'ormone dello stress), favorisce la produzione di endorfine (gli ormoni del benessere) e migliora la funzione del sistema nervoso autonomo, compreso il nervo vago. In particolare, esercizi come la camminata veloce, la corsetta leggera o anche la danza sono ottimi per stimolare il tono vagale.

L’esercizio fisico aiuta anche a migliorare la qualità del sonno, ridurre l’ansia e favorire una maggiore sensazione di benessere psicologico. È un vero e proprio "reset" naturale per il corpo e la mente, che aiuta a riportare il sistema nervoso in equilibrio.

Il nervo vago è il nostro alleato invisibile nella regolazione emotiva. Rafforzare il suo tono non significa solo ridurre lo stress, ma anche potenziare la nostra resilienza emotiva, permettendoci di affrontare la vita con maggiore serenità e consapevolezza. La meditazione, la consapevolezza e l’esercizio fisico sono pratiche potenti che possiamo integrare nella nostra vita quotidiana per stimolare il nervo vago e migliorare il nostro benessere emotivo.

Ogni volta che scegli di prenderti un momento per respirare profondamente, meditare o fare movimento, stai potenziando il tuo nervo vago e creando un ambiente interno che favorisce la calma, la serenità e la forza emotiva. Non sottovalutare il potere che hai nelle tue mani: ogni piccolo gesto che fai per stimolare il nervo vago è un passo verso un maggiore equilibrio interiore.

CAPITOLO 10: IL NERVO VAGO E LA GESTIONE DELLO STRESS

Immagina una giornata piena di sfide: una riunione cruciale, una scadenza pressante, notifiche incessanti che invadono il tuo spazio mentale. Il tuo corpo risponde con un cuore che accelera, muscoli tesi e una mente in preda al caos. Ti senti come se stessi affrontando una battaglia, ma contro cosa? Questa reazione è il risultato del tuo sistema nervoso simpatico in azione. Ed è qui che entra in gioco il tuo miglior alleato: il nervo vago.

Lo Stress e la Sua Influenza Sul Corpo

Per comprendere il ruolo del nervo vago nella gestione dello stress, è importante capire come questo fenomeno influenza il corpo. Lo stress è una risposta fisiologica primitiva, progettata per proteggerci in situazioni di emergenza. Tuttavia, nel mondo moderno, questa risposta viene spesso attivata da stimoli non pericolosi, come scadenze o preoccupazioni quotidiane. Questo stato di iperattivazione prolungato provoca un accumulo di cortisolo, l'ormone dello stress, che può portare a ansia, insonnia, problemi digestivi e altri disturbi fisici.

Il nervo vago, componente chiave del sistema nervoso parasimpatico, funge da "freno" per questa risposta, aiutando il corpo a tornare a uno stato di equilibrio. Quando attivato, riduce la frequenza cardiaca, rilassa i muscoli e abbassa i livelli di stress.

Stimolare il Nervo Vago: Strategie Efficaci

Ecco alcune strategie utili per attivare il nervo vago e promuovere una risposta calmante:

1. Massaggi Localizzati

Un leggero massaggio nell'area del collo, sotto il pomo d'Adamo, può stimolare direttamente il nervo vago. Questa zona, ricca di terminazioni nervose, risponde bene a un tocco delicato, favorendo un rilassamento immediato.

2. Esposizione al Freddo

Immergere il viso in acqua fredda o fare una doccia

breve ma fredda attiva il nervo vago. Questo tipo di esposizione crea una risposta automatica del corpo, riducendo lo stress e favorendo un rilassamento profondo.

3. Esercizio Fisico Regolare

Anche un'attività moderata, come una passeggiata veloce o lo stretching, aiuta a stimolare il nervo vago e migliora il tono vagale. L'esercizio contribuisce inoltre a ridurre i livelli di cortisolo e a migliorare l'umore.

4. Connessione Sociale

Le interazioni sociali positive, come una conversazione significativa o un momento di svago con persone care, attivano il nervo vago. La connessione con gli altri riduce lo stress e favorisce un senso di benessere.

5. Alimentazione Equilibrata

Una dieta ricca di alimenti freschi e nutrienti supporta la salute del microbiota intestinale, che è strettamente legato al nervo vago. L'inclusione di cibi fermentati o probiotici può ulteriormente migliorare questa comunicazione e favorire uno stato di rilassamento.

Creare una Routine Anti-Stress

Integrare queste pratiche nella tua giornata può fare una grande differenza nella tua capacità di gestire lo stress. Ecco un esempio:

- **Mattina:** Inizia con qualche minuto di stretching per risvegliare il corpo.
- **Durante il giorno:** Concediti una pausa per una passeggiata veloce o un massaggio rilassante al collo.
- **Sera:** Termina con una doccia fresca o una chiacchierata con una persona cara per rilassarti e favorire un sonno profondo.

Il nervo vago è uno strumento potente per contrastare gli effetti negativi dello stress. Attraverso queste semplici strategie, puoi stimolarlo e promuovere uno stato di calma e resilienza. Ogni piccolo passo verso il benessere è un atto di cura per te stesso. Inizia oggi: scegli una pratica, integrala nella tua routine e scopri i benefici che il tuo nervo vago può offrirti.

CAPITOLO 11: IL NERVO VAGO E LA CONNESSIONE SOCIALE

Immagina di entrare in una stanza piena di persone. Senza parlare una parola, il tuo sguardo incrocia quello di un'altra persona, e un sorriso sincero nasce spontaneamente. C'è una sensazione di comunicazione immediata, qualcosa che va oltre le parole, che ti fa sentire visto, compreso e accettato. Questa è la magia della connessione sociale, un legame che nasce non solo dalle parole, ma da una rete invisibile e potente che ci collega l'uno all'altro: il nostro nervo vago.

In questo capitolo, esploreremo il ruolo fondamentale del nervo vago nella costruzione e nel mantenimento delle nostre relazioni sociali. Vedremo come questo nervo influisca sulla nostra capacità di comunicare non verbalmente, percepire e rispondere al contatto fisico e come, attraverso il tono vagale, possa migliorare profondamente la qualità delle nostre interazioni. Scoprirai come stimolare questo nervo possa non solo migliorare il tuo benessere, ma anche rafforzare il legame con le persone intorno a te.

Il Nervo Vago: Un Ponte Invisibile

Il nervo vago è la principale via di comunicazione tra il cervello e il corpo, ma la sua influenza non si limita a funzioni fisiche vitali come il battito cardiaco e la digestione. È anche un regolatore sociale: influisce direttamente sulla nostra capacità di entrare in sintonia con gli altri, percepire e rispondere alle emozioni, e stabilire una connessione profonda. La chiave di tutto ciò risiede nel tono vagale.

Cos'è il Tono Vagale?

Il tono vagale rappresenta la capacità del nervo vago di regolare le reazioni fisiologiche in modo tale da promuovere un equilibrio tra stimolazione e rilassamento. È la nostra "prontezza" a rispondere in modo adattivo agli stimoli sociali, in particolare quelli emotivi. Quando il tono vagale è alto, siamo più rilassati, empatici e capaci di percepire i segnali emotivi degli altri. Un tono vagale basso, invece, è associato a sentimenti di isolamento e stress.

La buona notizia è che il tono vagale può essere

allenato e migliorato, favorendo una connessione sociale più profonda e autentica. Un alto tono vagale è associato a una maggiore empatia, una comunicazione più fluida e una migliore capacità di percepire il linguaggio non verbale.

Il Nervo Vago e la Comunicazione Non Verbale

Gran parte della nostra interazione sociale avviene attraverso la comunicazione non verbale: espressioni facciali, linguaggio del corpo, tono della voce e gesti. Il nervo vago regola molti di questi aspetti, influenzando direttamente la qualità delle nostre interazioni. Un tono vagale alto promuove sorrisi spontanei, espressioni accoglienti e suoni vocali caldi, che trasmettono empatia e creano una sensazione di sicurezza e connessione.

Il Contatto Fisico e il Nervo Vago

Il contatto fisico è un potente mezzo per stimolare il nervo vago e favorire la connessione sociale. Abbracci, strette di mano o semplici gesti di contatto positivo possono influenzare il nostro sistema nervoso, inducendo una sensazione di calma e sicurezza. Questo non solo favorisce la connessione sociale, ma contribuisce anche al rilascio di ossitocina, l'ormone del benessere, che aumenta il senso di appartenenza e connessione.

Strategie per Migliorare il Tono Vagale

Ecco alcune pratiche quotidiane per stimolare il nervo vago e migliorare le tue relazioni interpersonali:

1. **Attività fisica moderata:** Camminare, fare esercizi dolci o praticare yoga può migliorare il tono vagale, promuovendo una connessione più profonda con il proprio corpo e con gli altri.
2. **Ascolto attivo:** Prestare attenzione senza distrazioni alle persone con cui parli, mostrando interesse autentico, è un modo eccellente per stimolare il nervo vago e rafforzare la connessione sociale.
3. **Promuovere il contatto fisico:** Non sottovalutare il potere di un abbraccio o di una stretta di mano. Questi gesti semplici possono avere un impatto significativo sul tuo benessere e su quello delle persone intorno a te.
4. **Coltivare momenti di gratitudine:** La gratitudine può abbassare il livello di stress e aumentare il senso di connessione, migliorando indirettamente il tono vagale.

Investire nel tuo tono vagale significa non solo prenderti cura di te stesso, ma anche rafforzare i legami che ti connettono agli altri. Con piccole azioni quotidiane, puoi migliorare le tue relazioni, creando un senso di intimità e sicurezza che arricchisce la tua vita e quella delle persone intorno a te.

CAPITOLO 12: IL NERVO VAGO NELLA MEDICINA MODERNA

Il corpo umano è un intricato sistema di segnali elettrici e chimici, e uno dei suoi protagonisti principali è il nervo vago. Questo nervo, che si estende dal cervello al petto e all'addome, è più di un semplice filo nervoso che regola funzioni vitali come la frequenza cardiaca e la digestione. È il nostro "circuito di comunicazione" tra il cervello e il corpo, un canale che consente al nostro organismo di rispondere agli stimoli interni ed esterni con una precisione sorprendente. Ma ciò che rende davvero affascinante il nervo vago è la sua potenza terapeutica: non solo per il nostro benessere quotidiano, ma anche per il trattamento di una serie di patologie complesse. In questo capitolo, esploreremo come la medicina moderna stia utilizzando innovazioni tecnologiche e dispositivi avanzati per stimolare il nervo vago, aprendo nuove porte nella cura di disturbi come la depressione, il dolore cronico, e l'epilessia.

La Stimolazione Vagale: Un Nuovo Capitolo nella Terapia Medica

Nel corso degli ultimi decenni, la ricerca medica ha scoperto che stimolare il nervo vago può avere effetti straordinari sulla nostra salute mentale e fisica. La stimolazione vagale è diventata una tecnica terapeutica innovativa, utilizzata per trattare una varietà di malattie che tradizionalmente sono difficili da trattare. Ma come funziona esattamente la stimolazione del nervo vago e perché è così potente?

La Stimolazione Vagale: Come Funziona?

Il principio alla base della stimolazione vagale è semplice, ma estremamente efficace. Il nervo vago è un nervo cranico che connette il cervello a molti organi vitali, tra cui cuore, polmoni e intestino. Quando stimolato, il nervo vago invia segnali al cervello che regolano e modulano la risposta del sistema nervoso autonomo, influenzando direttamente le funzioni fisiche e psicologiche. La stimolazione vagale può essere effettuata tramite dispositivi medici impiantati o non invasivi, e può avere effetti positivi in termini di riduzione dello stress, miglioramento dell'umore, e persino nell'alleviare sintomi di diverse patologie.

Stimolazione Vagale nella Trattamento della Depressione

La depressione è uno dei disturbi mentali più comuni al mondo, e il trattamento tradizionale si basa su farmaci antidepressivi e psicoterapia. Tuttavia, non tutti i pazienti rispondono in modo positivo a queste terapie, e la ricerca ha mostrato che una parte significativa dei pazienti non ottiene un miglioramento duraturo. Qui entra in gioco la stimolazione vagale (VNS), una terapia innovativa che ha mostrato risultati promettenti, soprattutto nei casi di depressione resistente al trattamento.

Nel trattamento della depressione, un dispositivo di stimolazione vagale viene impiantato chirurgicamente sotto la pelle, generalmente nel petto. Questo dispositivo invia impulsi elettrici al nervo vago, che a sua volta stimola il cervello e influenza il sistema limbico, l'area del cervello responsabile delle emozioni. I risultati mostrano che questa stimolazione può ridurre significativamente i sintomi della depressione, specialmente in quei pazienti che non hanno risposto ai farmaci.

Studi clinici hanno rivelato che la stimolazione vagale può non solo migliorare l'umore e ridurre l'ansia, ma anche aumentare la resilienza alle situazioni stressanti. Inoltre, la stimolazione vagale può potenziare l'efficacia dei farmaci antidepressivi, rappresentando una combinazione terapeutica potente per coloro che lottano contro la depressione cronica.

Stimolazione Vagale nel Trattamento del Dolore Cronico

Il dolore cronico è un altro disturbo debilitante che può essere difficilmente trattato con i metodi convenzionali. È una condizione che può avere un impatto devastante sulla qualità della vita, portando a ansia, depressione e un generale senso di impotenza. La stimolazione vagale si è dimostrata efficace nel trattamento del dolore cronico, in particolare nel caso di dolore associato a malattie come l'artrite reumatoide, la fibromialgia e il dolore neuropatico.

Il meccanismo alla base della sua efficacia sembra risiedere nella capacità del nervo vago di modulare l'attività del sistema nervoso centrale e di regolare le risposte infiammatorie. Quando stimolato, il nervo vago invia segnali al cervello che interferiscono con i percorsi del dolore, riducendo la percezione del dolore e migliorando la qualità della vita. Alcuni studi suggeriscono che la stimolazione vagale può anche ridurre l'infiammazione sistemica, un fattore chiave in molte malattie dolorose.

Questo approccio è particolarmente interessante per chi soffre di dolore cronico che non ha trovato sollievo nei trattamenti farmacologici tradizionali. La stimolazione vagale offre una soluzione alternativa e non invasiva, che può ridurre il dolore senza gli effetti collaterali legati ai farmaci.

Il Nervo Vago nel Trattamento dell'Epilessia

L'epilessia è un disturbo neurologico che provoca crisi ricorrenti e, nei casi più gravi, può limitare gravemente la qualità della vita. Sebbene i farmaci anticonvulsivanti siano la terapia principale, molti pazienti continuano a soffrire di crisi nonostante il trattamento. La stimolazione vagale è stata approvata come terapia per l'epilessia resistente ai farmaci, con risultati sorprendenti.

Nel trattamento dell'epilessia, la stimolazione vagale agisce direttamente sul cervello attraverso il nervo vago, influenzando i circuiti cerebrali che sono coinvolti nelle crisi. La stimolazione costante del nervo vago sembra ridurre la frequenza e la gravità delle crisi, migliorando significativamente la vita quotidiana dei pazienti. Inoltre, alcuni studi hanno suggerito che la stimolazione vagale può anche migliorare la funzione cognitiva e la qualità del sonno nei pazienti affetti da epilessia.

Stimolazione Vagale: Le Tecnologie Emergenti

Le innovazioni tecnologiche non si fermano qui. Oggi esistono dispositivi di stimolazione vagale non invasivi, che non richiedono chirurgia per essere applicati. Questi dispositivi sono portatili, facili da usare e possono essere applicati direttamente sulla pelle, come un cerotto o una fascia, per stimolare il nervo vago. Sono spesso utilizzati per trattamenti a breve termine, come il miglioramento dell'umore o la gestione dello stress, e stanno guadagnando popolarità come strumenti per il miglioramento del benessere quotidiano.

Un altro campo in espansione riguarda l'uso della neurofeedback combinato con la stimolazione vagale, una tecnologia che permette di monitorare e regolare in tempo reale l'attività cerebrale in risposta alla stimolazione vagale. Questi sistemi avanzati stanno iniziando a mostrare risultati promettenti nel trattamento di disturbi psicologici e neurologici, aprendo nuove possibilità per il trattamento personalizzato.

Il nervo vago, da tempo riconosciuto come un "filtro" tra il corpo e la mente, sta emergendo come un terapeuta naturale, capace di influenzare profondamente la nostra salute fisica e mentale. Le innovazioni nella stimolazione vagale, sia attraverso dispositivi impiantati che non invasivi, stanno aprendo nuove opportu-

nità per il trattamento di malattie complesse come la depressione, il dolore cronico e l'epilessia.
La stimolazione vagale non è solo una terapia per il trattamento di patologie croniche. È anche una finestra verso una nuova visione della medicina, una medicina che considera la connessione tra corpo e mente come un fattore fondamentale per il nostro benessere. Se stimolato correttamente, il nervo vago può diventare un potente alleato nella gestione dello stress, nella riduzione dei sintomi di molte malattie e nel miglioramento della qualità della vita.
Le potenzialità della stimolazione vagale sono ancora in fase di esplorazione, ma il futuro sembra promettente. Se stai cercando un approccio innovativo e scientificamente supportato per migliorare il tuo benessere, la stimolazione vagale potrebbe essere la chiave per un cambiamento significativo nella tua vita.

CAPITOLO 13: IL NERVO VAGO E LA SALUTE DELL'INTESTINO

Sei mai stato colpito da un improvviso senso di disagio allo stomaco in un momento di stress o ansia? Oppure, hai notato come la tua digestione possa rallentare quando sei sotto pressione? Non è un caso. Il nostro intestino e il nostro cervello sono profondamente connessi, e a questo legame è stato dato un nome: asse cervello-intestino. Il nervo vago, un protagonista silenzioso ma incredibilmente potente, gioca un ruolo chiave in questa comunicazione. In questo capitolo, esploreremo come questo nervo possa diventare un alleato fondamentale per migliorare la salute intestinale, trattare disturbi comuni come la sindrome dell'intestino irritabile (IBS) e favorire un equilibrio più sano del nostro microbioma intestinale.

Il Nervo Vago: Un Ponte tra il Cervello e l'Intestino

Il nervo vago è una sorta di "super-autostrada" che collega il nostro cervello con numerosi organi vitali, tra cui cuore, polmoni e, naturalmente, l'intestino. Fa parte del sistema nervoso autonomo e regola molte funzioni vitali, come la frequenza cardiaca, la digestione e la risposta immunitaria.

Questo legame tra cervello e intestino non è solo anatomico, ma anche funzionale. Il nervo vago è essenziale per la motilità intestinale, ovvero il movimento del cibo attraverso il tratto digestivo, e per la regolazione della secrezione di enzimi digestivi. Inoltre, modula le risposte infiammatorie nell'intestino, influenzando la composizione del microbioma, un ecosistema di microrganismi che svolge un ruolo cruciale nella nostra salute.

Il Legame tra il Nervo Vago e la Sindrome dell'Intestino Irritabile

La sindrome dell'intestino irritabile (IBS) è uno dei disturbi intestinali più comuni, caratterizzato da sintomi come dolore addominale, gonfiore, diarrea e stitichezza. Lo stress e una comunicazione alterata tra cervello e intestino sono fattori scatenanti. Qui entra in gioco il nervo vago.

Studi hanno dimostrato che una stimolazione ottimale del nervo vago può alleviare i sintomi dell'IBS, riequilibrando la motilità intestinale e riducendo l'infiammazione. Un nervo vago sano agisce come un "pulsante di reset" per il tratto digestivo, migliorando la comunicazione tra cervello e intestino e favorendo una digestione più regolare e meno dolorosa.

La Stimolazione Vagale e il Microbioma Intestinale

Il microbioma intestinale, composto da trilioni di batteri, è essenziale per la digestione e ha un impatto significativo sul sistema immunitario, sul metabolismo e persino sull'umore. Squilibri nel microbioma possono portare a disturbi gastrointestinali e sistemici.

La stimolazione vagale può influenzare positivamente il microbioma intestinale, promuovendo la crescita di ceppi batterici benefici e riducendo quelli dannosi. In questo modo, contribuisce a ristabilire un equilibrio sano nell'intestino, riducendo infiammazioni e disbiosi.

Metodi per Stimolare il Nervo Vago

Esistono diversi modi per stimolare il nervo vago, migliorando così la salute intestinale:

1. Tecniche di Rilassamento

Pratiche come lo yoga e la meditazione favoriscono l'attivazione del sistema parasimpatico, di cui il nervo vago è un elemento chiave. Attraverso posture specifiche e momenti di rilassamento mentale, queste attività possono migliorare la funzionalità intestinale e promuovere l'equilibrio del microbioma.

2. Esposizione al Freddo

L'esposizione a temperature fredde, come docce fredde o immersioni in acqua ghiacciata, può attivare il nervo vago, contribuendo a regolare le funzioni intestinali e a ridurre l'infiammazione.

3. Stimolazione Vocale

Cantare, emettere suoni profondi o fare vibrazioni gutturali stimola il nervo vago attraverso le corde vocali, migliorando la comunicazione tra cervello e intestino.

4. Tecnologie Avanzate

Dispositivi non invasivi, come i cerotti per la stimolazione vagale, rappresentano un'opzione moderna per attivare il nervo vago e migliorare il benessere intestinale.

Prendersi cura del nervo vago è essenziale non solo per la salute intestinale, ma anche per il benessere complessivo. Con tecniche naturali e moderne combinabili tra loro, possiamo affrontare efficacemente disturbi come l'IBS e migliorare il nostro equilibrio fisico ed emotivo.

CAPITOLO 14: L'IMPORTANZA DEL SONNO E IL NERVO VAGO

Immagina di svegliarti riposato, con una mente fresca e un corpo energico, pronto ad affrontare la giornata. Questo non è solo un sogno: è una realtà che puoi raggiungere migliorando la qualità del tuo sonno e supportando il tuo sistema nervoso. In particolare, il nervo vago gioca un ruolo cruciale nel favorire un riposo profondo e rigenerante.

In un'epoca in cui insonnia e disturbi del sonno sono sempre più comuni, è fondamentale comprendere come prendersi cura del proprio corpo per dormire meglio. Durante il sonno, il corpo si ripara, il cervello elabora le esperienze della giornata e il sistema nervoso si riequilibra.

Il Sonno: Un Momento Essenziale di Recupero

Dormire non è solo una pausa, ma un processo vitale. Durante la notte, il corpo ripristina l'energia, ripara i tessuti e libera le tossine accumulate. La scienza dimostra che dormire poco o male può portare a conseguenze negative come problemi cardiovascolari, squilibri metabolici, ansia e difficoltà cognitive.

Un sonno di qualità dipende dall'equilibrio tra il sistema nervoso simpatico, responsabile dell'attivazione, e il sistema parasimpatico, che favorisce il rilassamento. Il nervo vago, parte centrale del sistema parasimpatico, è fondamentale per raggiungere questo equilibrio.

Il Nervo Vago e il Suo Impatto sul Sonno

Il nervo vago aiuta il corpo a passare da uno stato di tensione a uno stato di rilassamento, favorendo le condizioni ideali per un sonno profondo. Quando è attivo, il nervo vago rallenta il battito cardiaco, riduce la pressione sanguigna e promuove una sensazione di calma. Questo processo aiuta anche a ridurre i pensieri ossessivi e l'iperattività mentale, tra le principali cause di insonnia.

Strategie per Stimolare il Nervo Vago e Migliorare il Sonno

Ecco alcune tecniche pratiche che puoi integrare nella tua routine serale per stimolare il nervo vago e favorire un sonno migliore:

1. Stretching Lento

Movimenti dolci e allungamenti rilassanti possono alleviare la tensione muscolare e preparare il corpo al riposo. Dedica qualche minuto a esercizi semplici, come allungare la schiena o il collo, per calmare il sistema nervoso.

2. Bagni o Docce Calde

Immergersi in acqua calda o fare una doccia rilassante prima di dormire aiuta a rilassare i muscoli e a ridurre lo stress accumulato durante la giornata. Questa abitudine crea un ambiente ideale per favorire un sonno sereno.

3. Ascolto di Suoni Rilassanti

La musica dolce, i suoni della natura o rumori bianchi possono creare un'atmosfera tranquilla, ideale per rilassare il sistema nervoso. Puoi anche provare strumenti come diapason o suoni vibranti che stimolano il nervo vago.

4. Tecniche Vocali

Mormorare, cantare o emettere suoni gutturali può stimolare direttamente il nervo vago, favorendo uno stato di rilassamento. Questa pratica è semplice e può essere eseguita poco prima di coricarti.

5. Alimentazione e Idonei Ritmi Serali

Evita pasti pesanti o stimolanti prima di dormire. Includi nella tua dieta alimenti ricchi di magnesio e altri nutrienti che supportano il sistema nervoso, come verdure a foglia verde e noci. Una tisana calda può completare il rituale serale.

Nervo Vago e la Lotta contro l'Insonnia

Quando lo stress aumenta, il sistema simpatico può rimanere iperattivo, interferendo con il sonno. Stimolare il nervo vago aiuta a bilanciare questa condizione, riducendo i livelli di cortisolo e favorendo un sonno profondo e rigenerante.

Un buon sonno è la base per una vita sana ed equilibrata. Integra nella tua routine serale alcune delle strategie sopra descritte per stimolare il nervo vago e favorire un riposo migliore. Risveglierai così il tuo corpo e la tua mente con energia e chiarezza ogni mattina. Scegli oggi di prenderti cura del tuo benessere: il tuo sonno e il tuo nervo vago saranno i tuoi più preziosi alleati.

CAPITOLO 15: IL NERVO VAGO E LA SPIRITUALITÀ

Immagina di trovarti in uno stato di profonda connessione interiore, in cui la mente si libera dai pensieri incessanti e il corpo raggiunge una sensazione di pace e benessere. Questo stato non è solo un riflesso del tuo equilibrio fisico e mentale, ma può anche rappresentare una porta d'accesso a un'esperienza spirituale più intensa e autentica. In questo capitolo, esploreremo il profondo legame tra il nervo vago e la tua esperienza spirituale, come la sua stimolazione possa favorire la connessione con te stesso e con l'universo, amplificando la tua esperienza interiore.

La Spiritualità e il Corpo: Un Legame Profondo

La spiritualità è spesso vissuta come un viaggio interiore, un cammino verso una connessione più profonda con il divino o con una forza universale. Che si tratti di una pratica religiosa, filosofica o di semplice introspezione, la spiritualità ha il potere di trasformare la percezione di sé e del mondo circostante. Non si tratta solo di un processo mentale ed emotivo: il corpo gioca un ruolo fondamentale. Attraverso la connessione con il corpo, stimoliamo risposte fisiologiche che ci permettono di vivere esperienze più profonde. Il nervo vago, componente centrale del sistema nervoso parasimpatico, diventa uno strumento per integrare corpo e spirito, consentendoci di accedere a stati di consapevolezza e pace interiore.

Cos'è il Nervo Vago e Perché è Importante per la Spiritualità?

Il nervo vago è il principale componente del sistema nervoso parasimpatico e regola le risposte di rilassamento e rigenerazione. Quando è stimolato, favorisce uno stato di calma che riduce lo stress e ci aiuta a entrare in equilibrio. Dal punto di vista spirituale, questa stimolazione può essere vista come una "porta" che ci consente di accedere a una connessione più profonda con noi stessi e con il divino.

Quando il nervo vago è attivo, mente e corpo si allineano, favorendo la riflessione, l'introspezione e una maggiore sensibilità verso ciò che ci circonda. Stimolare il nervo vago non solo favorisce il benessere psicofisico, ma intensifica anche l'esperienza spirituale, permettendoci di percepire la connessione con l'universo in modo più autentico.

Il Nervo Vago e la Connessione con la Spiritualità

Quando il nervo vago è stimolato, la mente si apre a nuove esperienze e percezioni. Questa apertura è fondamentale per approfondire la connessione spirituale e amplificare l'esperienza interiore. Un nervo vago ben attivato consente di entrare in uno stato di calma profonda, favorendo la riflessione e la consapevolezza, che sono essenziali per vivere un'esperienza spirituale autentica. In questo stato di tranquillità, è più facile percepire il senso di unione con l'universo e di connessione con qualcosa di più grande.

Pratiche per Stimolare il Nervo Vago e Potenziare la Spiritualità

Oltre alle pratiche già menzionate, ci sono altre attività che possono stimolare il nervo vago e migliorare la tua esperienza spirituale:

1. Silenzio e Riflessione

Passare del tempo in silenzio, magari in un ambiente naturale, favorisce il rilassamento del sistema nervoso e stimola la consapevolezza, creando spazio per la connessione spirituale.

2. Musica Rilassante o Sacra

Ascoltare melodie calme, canti sacri o suoni della natura può attivare il nervo vago e portarti in uno stato di tranquillità e apertura.

3. Movimento Consapevole

Pratiche come lo yoga o il tai chi integrano movimento e respiro, stimolando il nervo vago e creando uno stato di equilibrio tra corpo e mente.

4. Contatto con la Natura

Trascorrere del tempo all'aperto, camminando a piedi scalzi sull'erba o semplicemente osservando un tramonto, può avere un potente effetto calmante sul sistema nervoso e amplificare la connessione con l'universo.

Stimolare il nervo vago non è solo un mezzo per migliorare il benessere fisico e mentale, ma anche una via per approfondire la tua esperienza spirituale. Attraverso pratiche che integrano corpo, mente e spirito, puoi scoprire nuove dimensioni di consapevolezza e pace interiore, e vivere una connessione più autentica con te stesso e con l'universo.

CAPITOLO 16: IL NERVO VAGO NEL MIGLIORAMENTO DELLE PERFORMANCE

Quando pensiamo alle performance, siano esse cognitive, fisiche o professionali, spesso ci concentriamo su forza di volontà, impegno e strategie. Tuttavia, c'è un elemento fondamentale che viene frequentemente trascurato: il nostro sistema nervoso. In particolare, il nervo vago riveste un ruolo cruciale nel determinare la nostra capacità di gestire lo stress, recuperare dalle fatiche e ottimizzare le performance in vari ambiti, dall'attività fisica alla concentrazione mentale. In questo capitolo, esploreremo come la stimolazione del nervo vago possa influire positivamente sulle tue capacità, fornendoti tecniche pratiche per migliorare concentrazione, resistenza mentale e capacità di recupero.

Il Nervo Vago e le Performance: Un Legame Sottile ma Potente

Il nervo vago, componente chiave del sistema nervoso parasimpatico, è noto per il suo ruolo nel bilanciare le risposte fisiologiche del corpo. Quando il nervo vago è attivo, siamo in grado di affrontare meglio lo stress e di recuperare rapidamente. Questo "interruttore fisiologico" non solo ci aiuta a mantenere la calma e la lucidità durante situazioni di alta pressione, ma migliora anche la nostra capacità di concentrarci e di mantenere alte performance fisiche e mentali.

La Concentrazione: Il Nervo Vago come Porta d'Accesso

La concentrazione è una componente essenziale di qualsiasi performance. Tuttavia, nella vita moderna, distrazioni e stress spesso ostacolano la nostra capacità di focalizzarci. Quando stimoliamo il nervo vago, il sistema parasimpatico entra in azione, promuovendo uno stato di calma che facilita una maggiore chiarezza mentale. Questo ci permette di ridurre le distrazioni e di concentrarci sulle attività importanti, aumentando la produttività e il rendimento.

Un modo semplice per migliorare la concentrazione è integrare nella propria routine attività che rilassano il sistema nervoso, come ascoltare musica rilassante o utilizzare tecniche di visualizzazione positiva.

La Resistenza Mentale: Andare Oltre i Limiti

La resistenza mentale è la capacità di perseverare di fronte a sfide e difficoltà. Grazie al suo ruolo di regolatore del sistema nervoso, il nervo vago favorisce la capacità di mantenere la calma sotto pressione e di superare momenti critici. Questa regolazione riduce l'impatto dello stress psicologico, permettendoti di affrontare le difficoltà con maggiore forza e lucidità.

Tecniche come il massaggio vagale o l'adozione di pratiche rilassanti durante le pause lavorative possono contribuire ad aumentare la resilienza mentale e a mantenere un alto livello di performance anche in condizioni difficili.

Il Recupero: Ritorno all'Equilibrio

Il recupero è fondamentale per mantenere performance elevate nel tempo. Dopo ogni sforzo, il nervo vago aiuta il corpo e la mente a tornare in uno stato di equilibrio, facilitando i processi di rigenerazione. Questa capacità di recupero non riguarda solo la rigenerazione fisica, ma anche il ripristino della chiarezza mentale e della motivazione.

Integrare nella tua routine pratiche come stretching, massaggi o ascolto di musica rilassante può accelerare il recupero, ridurre la percezione della fatica e ottimizzare il tuo benessere generale.

Tecniche Pratiche per Stimolare il Nervo Vago e Migliorare le Performance

Ecco alcune tecniche pratiche che puoi implementare nella tua vita quotidiana per ottimizzare la concentrazione, la resistenza mentale e il recupero:

1. Massaggio Vagale

Massaggiare delicatamente l'area dietro le orecchie o lungo il collo può stimolare il nervo vago, riducendo lo stress e migliorando il recupero.

2. Visualizzazione Positiva

Immaginare scenari positivi e motivanti può attivare il sistema parasimpatico, aiutandoti a mantenere la calma e la concentrazione.

3. Stretching Rilassante

Praticare stretching leggero non solo riduce la tensione muscolare, ma stimola anche il sistema nervoso parasimpatico, migliorando il recupero.

4. Ascolto della Musica Rilassante

La musica calmante è un potente stimolante del nervo vago, che favorisce il rilassamento e contribuisce a una migliore gestione dello stress.

Il nervo vago non è solo una componente del sistema nervoso, ma un alleato prezioso per migliorare le performance. Stimolarlo regolarmente ti aiuterà a sviluppare una maggiore concentrazione, una resistenza mentale superiore e una capacità di recupero più rapida. Integrare queste tecniche nella tua routine quotidiana ti permetterà di affrontare con successo le sfide della vita e di eccellere in ogni ambito, dal lavoro allo sport.

CAPITOLO 17: NERVO VAGO E LONGEVITÀ

Immagina il tuo corpo come una macchina perfettamente progettata per durare nel tempo, che continua a funzionare al meglio senza surriscaldarsi, mantenendo la sua potenza ed efficienza anno dopo anno. Questo motore è il nostro corpo, e uno degli elementi più cruciali e spesso ignorati che contribuiscono al suo funzionamento ottimale è il nervo vago. Recenti ricerche hanno mostrato come il tono vagale—ovvero l'attività e l'efficienza del nervo vago—sia un indicatore essenziale per una vita lunga e sana.

In questo capitolo esploreremo come il nervo vago influisca sul nostro benessere quotidiano e come svolga un ruolo fondamentale nella prevenzione delle malattie croniche, aiutando a mantenere una vita sana e longeva. Scopriremo che prendersi cura del nervo vago è un passo fondamentale per migliorare la qualità della vita e garantire un benessere duraturo.

Il Tono Vagale: Un Indicatore di Salute e Longevità

Per comprendere come il nervo vago possa influire sulla longevità, è necessario capire il concetto di "tono vagale". Questo termine si riferisce al livello di attività del nervo vago e alla sua capacità di mantenere l'equilibrio tra il sistema nervoso simpatico (che risponde al pericolo, attivando il "lotta o fuga") e il sistema parasimpatico (che favorisce il rilassamento e il recupero).

Un tono vagale alto significa che il corpo è in grado di rispondere efficacemente agli stimoli esterni e di recuperare rapidamente dallo stress, mentre un tono vagale basso è spesso associato a una maggiore vulnerabilità alle malattie croniche. Avere un buon tono vagale è quindi essenziale per mantenere il corpo in uno stato di equilibrio e prevenire numerosi problemi di salute.

Il Nervo Vago e il Sistema Immunitario

Il nervo vago non solo regola il sistema nervoso, ma ha anche un ruolo determinante nel rafforzare il sistema immunitario. Agisce attraverso il "riflesso vagale", che aiuta a ridurre l'infiammazione nel corpo. L'infiammazione cronica è un fattore di rischio per molte malattie, tra cui quelle cardiovascolari, il diabete, e alcuni tipi di cancro. Stimolare il nervo vago può contribuire a ridurre l'infiammazione, proteggendo il corpo e favorendo una vita sana e longeva.

Nervo Vago, Stress e Malattie Croniche

Il nervo vago è fondamentale nella gestione dello stress, uno dei principali fattori di rischio per la salute a lungo termine. Un nervo vago attivo consente al corpo di ristabilire rapidamente l'equilibrio dopo un periodo di stress. Tuttavia, un tono vagale basso riduce questa capacità, aumentando il rischio di sviluppare malattie come:

- **Malattie cardiovascolari:** Lo stress cronico aumenta la pressione sanguigna e la frequenza cardiaca. Un nervo vago sano aiuta a mantenere questi parametri sotto controllo.
- **Disturbi metabolici:** Un basso tono vagale è legato a obesità e diabete di tipo 2, poiché il nervo vago regola il metabolismo.
- **Malattie neurodegenerative:** Lo stress e l'infiammazione cronica sono fattori di rischio per condizioni come l'Alzheimer e il Parkinson. Un buon tono vagale aiuta a proteggere il cervello.

Tecniche per Stimolare il Nervo Vago e Favorire la Longevità

Ci sono diverse pratiche quotidiane che puoi integrare nella tua routine per stimolare il nervo vago e migliorare la salute generale, contribuendo così alla longevità:

1. **Attività fisica regolare:** L'esercizio aerobico moderato, come camminare, nuotare o fare jogging, stimola il nervo vago, aiutando a ridurre lo stress e a migliorare la salute cardiovascolare.
2. **Tecniche di rilassamento:** Pratiche come lo yoga e il Tai Chi, che combinano movimento e consapevolezza, sono particolarmente efficaci nel rafforzare il tono vagale e nel favorire il rilassamento profondo.
3. **Esposizione al freddo:** Docce fredde o bagni in acqua fredda attivano il nervo vago, migliorando la resilienza allo stress e stimolando il sistema immunitario.
4. **Stimolazione sonora:** Suoni armonici, come quelli naturali o melodie calmanti, possono attivare il nervo vago, aiutando a ridurre l'infiammazione e migliorare il benessere psicofisico.

Prendersi cura del nervo vago significa prendersi cura di sé a lungo termine. Integrare queste semplici pratiche nella vita quotidiana ti aiuterà a migliorare la qualità della tua vita, prevenire malattie croniche e godere di una maggiore vitalità. Un nervo vago sano è un alleato fondamentale per vivere una vita lunga, equilibrata e piena di energia.

CAPITOLO 18: INTEGRARE IL NERVO VAGO NELLA VITA QUOTIDIANA

Immagina di avere un alleato segreto sempre al tuo fianco, pronto a intervenire quando lo stress si fa troppo intenso o la fatica si accumula. Questo alleato è il tuo nervo vago. Stimolato correttamente, può diventare una risorsa quotidiana per migliorare la salute, l'energia e il benessere, favorendo un equilibrio tra corpo e mente.

Integrare la stimolazione vagale nella vita quotidiana potrebbe sembrare una sfida, ma in realtà è semplice e naturale. In questo capitolo, esploreremo tecniche pratiche e facili da incorporare nella tua routine senza complicazioni. Il nervo vago può essere attivato in modo fluido durante le attività giornaliere, aiutandoti a trovare calma e concentrazione mentre lavori, socializzi o ti rilassi.

Il Ruolo Centrale del Nervo Vago

Il nervo vago è il "direttore d'orchestra" del sistema nervoso autonomo, responsabile di funzioni essenziali come il battito cardiaco, la digestione e la risposta allo stress. Quando il suo tono è alto, il corpo gestisce meglio lo stress e si riprende rapidamente dai momenti di tensione. Al contrario, un tono basso può portare a problemi come ansia, stanchezza cronica e difficoltà di rilassamento.

Rendere consapevoli questi meccanismi è il primo passo per integrare il nervo vago nella tua vita quotidiana. Con semplici accorgimenti, puoi migliorare il tono vagale e trarne benefici per la salute fisica, mentale e relazionale.

1. Pratiche di Cura Personale: Rallenta e Recupera

La vita moderna ci spinge a correre continuamente, ma il nervo vago prospera quando ci prendiamo momenti per rallentare e recuperare. Non si tratta di stravolgere la tua giornata, ma di integrare piccole pause rigeneranti:

- **Pausa pranzo consapevole:** Mangiare lentamente e con attenzione riduce lo stress e favorisce la digestione. Dedica 15 minuti al tuo pasto, assaporando ogni boccone senza distrazioni.

- **Attività rilassanti:** Alla fine della giornata, pratiche come un massaggio al collo, una doccia calda o l'uso di una coperta ponderata possono sciogliere le tensioni muscolari e favorire il recupero

2. Movimento e Attività Fisica

Il movimento regolare è un potente stimolatore del nervo vago. Non serve un allenamento intenso: anche una camminata quotidiana di 20-30 minuti all'aperto può migliorare il tono vagale, promuovere la digestione e ridurre lo stress.

Attività come il tai chi, lo yoga e il nuoto sono particolarmente efficaci, poiché combinano movimento lento e consapevolezza corporea. Se hai poco tempo, anche una breve sessione di stretching può fare la differenza.

3. Coltivare Connessioni Sociali

Le interazioni sociali positive hanno un impatto significativo sul nervo vago. Sentirsi connessi, ridere e condividere momenti significativi abbassano i livelli di stress e favoriscono il benessere mentale.

Dedica del tempo alle relazioni ogni giorno, anche solo con una breve telefonata, una passeggiata con un amico o una conversazione sincera con un collega. Questi momenti rafforzano il legame emotivo e stimolano il sistema parasimpatico.

4. Ottimizzare il Riposo e il Sonno

Un sonno di qualità è essenziale per un nervo vago in salute. Durante il riposo notturno, il sistema parasimpatico lavora per rigenerare il corpo e la mente. Per migliorare la qualità del sonno:

- **Crea una routine serale rilassante:** Spegni i dispositivi elettronici almeno 30 minuti prima di coricarti e opta per attività calmanti, come leggere o ascoltare musica rilassante.
- **Mantieni orari regolari:** Dormire e svegliarsi alla stessa ora favorisce un ritmo circadiano stabile e un recupero ottimale.

Sperimenta e Ascolta il Tuo Corpo

Integrare la stimolazione del nervo vago nella tua vita non richiede grandi sforzi, ma piccoli accorgimenti quotidiani. Ogni passo che fai verso il miglioramento del tono vagale è un investimento per una vita più equilibrata, sana e felice.

Prova queste tecniche, osserva i cambiamenti e trova ciò che funziona meglio per te. Con il tuo nervo vago come alleato, il benessere diventa una realtà accessibile ogni giorno.

CONCLUSIONE: IL VIAGGIO VERSO IL BENESSERE CON IL NERVO VAGO

Ci siamo addentrati in un viaggio affascinante, esplorando la connessione tra il nervo vago e il benessere fisico e mentale. Abbiamo visto come questo nervo, spesso ignorato e sottovalutato, sia una delle chiavi più potenti per il nostro equilibrio psicofisico. E ora, dopo aver esplorato tecniche di stimolazione vagale e modi per integrarle nella vita quotidiana, siamo giunti alla conclusione di un capitolo, ma non alla fine del nostro percorso.

La stimolazione del nervo vago non è una soluzione temporanea. È un cambiamento profondo e duraturo, un'arte da coltivare ogni giorno, che ti accompagna in ogni passo della tua vita. La sua capacità di abbassare i livelli di stress, di migliorare la gestione delle emozioni, di promuovere la calma e di favorire una salute migliore non è solo una promessa teorica, ma una realtà scientifica consolidata. Con il nervo vago come alleato, hai la possibilità di attivare il tuo sistema parasimpatico, la parte del tuo sistema nervoso che ti aiuta a tornare alla calma, a ridurre l'infiammazione e a favorire il recupero, sia fisico che mentale.

Un Corpo e una Mente in Armonia

Abbiamo parlato di come le pratiche quotidiane, come la respirazione profonda, l'esercizio fisico, la connessione sociale, il rilassamento e il sonno, siano fondamentali per attivare il nervo vago. Ma forse ti starai chiedendo: "Perché è così importante integrarlo in ogni aspetto della mia vita?" La risposta è semplice: l'integrazione del nervo vago nel quotidiano ti permette di vivere una vita più equilibrata, resiliente e sana.

La stimolazione regolare del nervo vago ti aiuta a costruire una risposta allo stress più sana. Non solo ti aiuta a rispondere meglio alle sfide della vita, ma ti permette anche di recuperare più velocemente, di avere più energia e di godere di un benessere duraturo. In pratica, il nervo vago è il tuo alleato in ogni momento di difficoltà o di stanchezza. Ogni volta che affronti una giornata impegnativa, che sei immerso in una discussione o che ti senti sopraffatto, potrai attivare le tecniche apprese per riequilibrare il tuo corpo e la tua mente.

E non si tratta solo di uno "stato di calma" momentaneo. La stimolazione vagale è un processo che, se praticato con costanza, ti trasforma. Può abbattere le barriere che ci impediscono di vivere pienamente, ridurre l'ansia e migliorare il tono dell'umore, aumentando così la qualità della tua vita. È un invito a vivere più consapevolmente, a rallentare, a sentire e a respirare. Ogni piccolo gesto, come un respiro profondo o un attimo di pausa durante la giornata, è un passo verso un benessere integrato.

La Potenza della Consapevolezza

Uno degli aspetti più belli del viaggio verso il benessere attraverso la stimolazione del nervo vago è il potere della consapevolezza. Essere consapevoli di come il corpo reagisce e risponde allo stress, come le emozioni influenzano il nostro stato fisico, ci consente di essere più presenti e di prendere decisioni migliori per il nostro benessere. La consapevolezza è la chiave che ci permette di trasformare la nostra esperienza quotidiana, di scegliere attivamente il nostro stato interiore, invece di reagire passivamente agli eventi esterni.

Ogni passo che fai verso la stimolazione del nervo vago è una scelta consapevole di volerti bene, di dare valore al tuo corpo e alla tua mente. Non si tratta di una battaglia da vincere, ma di un processo di cura e di ascolto. Più impari a prenderti cura di te stesso, più il tuo corpo risponde positivamente, e più la tua vita migliora.

Un Invito all'Azione: Continua il Tuo Viaggio

Ora che hai una comprensione più profonda del nervo vago e di come stimolarlo, è il momento di agire. Non lasciare che la conoscenza rimanga solo teoria. Metti in pratica ciò che hai imparato. Ogni giorno è una nuova opportunità per accrescere il tuo benessere, un'opportunità per integrare consapevolmente il nervo vago nella tua routine. Non serve fare grandi cambiamenti tutti in una volta. Comincia con piccoli passi: una pausa di respirazione profonda, una passeggiata all'aperto, qualche minuto di rilassamento prima di andare a letto. Tutti questi momenti contribuiscono a rafforzare il tuo sistema nervoso e a migliorare il tuo benessere complessivo.

Non dimenticare che il viaggio non è mai finito. Ogni giorno puoi fare qualcosa di nuovo, puoi approfondire la tua consapevolezza, e puoi continuare a esplorare il potenziale del nervo vago come strumento per una vita sana, equilibrata e felice.

Ti invito a continuare con curiosità e dedizione. Ogni passo che farai ti porterà più vicino al benessere che meriti, sia sul piano fisico che mentale. La tua salute è un viaggio continuo e la stimolazione del nervo vago è un potente strumento per affrontarlo con serenità, energia e forza.

La Tua Nuova Vita Inizia Ora

Sei pronto per iniziare? Ogni respiro, ogni piccolo momento di consapevolezza, ogni gesto di cura verso te stesso è una dichiarazione di amore verso il tuo corpo e la tua mente. È un atto di empowerment, un modo per riconnetterti con il tuo essere più profondo. Il nervo vago è una porta che ti permette di accedere a una vita più equilibrata, più sana, e più felice. Non aspettare oltre: inizia oggi.

www.ingramcontent.com/pod-product-compliance
Lightning Source LLC
LaVergne TN
LVHW051104051026
849532LV00004BB/1424